Erstveröffentlichung in England unter dem Titel
„More Sexual Positions"
© 1987 Illustrationen und Text: Colour Library
Books Ltd., Guildford, Surrey, England
Rechte der deutschen Ausgabe in der Übersetzung
von Yvonne Giehoff:
© 1991 Benedikt Taschen Verlag Berlin GmbH,
Otto-Suhr-Allee 59, 1000 Berlin 10
Printed in Germany
ISBN 3-89450-280-0
Kein Teil dieses Buches darf nachgedruckt, in
einem Datenverarbeitungssystem gespeichert,
photokopiert oder in irgendeiner anderen Weise
übertragen werden ohne vorherige Erlaubnis des
Copyright-Inhabers.

Noch mehr Techniken der Liebe

Genauso wie wir alle wissen, daß man einen Tango nur zu zweit tanzen kann, bedarf es auch zweier Menschen, um eine möglichst vollkommene und erfüllte sexuelle Beziehung herzustellen. Es sei denn, man ist ganz und gar selbstsüchtig und hat nur den eigenen Genuß und die eigene Befriedigung im Sinn, was viele Jahre lang tatsächlich der Fall zu sein schien. Fast alle Bücher über sexuelle Techniken und Positionen haben sich an den männlichen Leser gewandt – scheinbar wurde angenommen, daß Frauen sich einfach nicht für solche Sachen interessieren –, aber das hat sich glücklicherweise geändert.

Daß die meisten Liebenden nicht selbstsüchtig sind und daß es ihr Wunsch ist, ihrem Partner die gleiche Befriedigung zuteil werden zu lassen, davon wird in diesem Buch ausgegangen. Es umfaßt beide Seiten der Partnerschaft: Zuerst widmet es sich der Liebe aus der Sicht der Frau – wie der Partner ihr Vergnügen bereiten und sie erregen kann, so daß beide größtmögliche Befriedigung erlangen –, danach wird dasselbe Thema aus der Sicht des Mannes behandelt. Denn schließlich lautet das Schlüsselwort in einer jeden Partnerschaft Harmonie oder sollte es zumindest sein. In der Sexualität aber bezeichnet es den Unterschied zwischen Enttäuschung und Lustgewinn.

Verständnis

In den letzten Jahren ist die sexuelle Emanzipation Mode geworden. Viel zu lange, so wird uns gesagt, wurde unsere natürliche Sexualität fehlgeleitet und totgeschwiegen. Die Reaktion darauf war, Sexualität zum Tagesthema zu erheben. Inzwischen haben wir alle ein Sexualleben. In Hunderten von Magazinen und Artikeln werden die neuesten Liebestechniken beschrieben und Tips gegeben, wie man »konkurrenzfähig« bleibt. Die dazu mitgelieferten Bilder zeigen wunderschöne Paare, die ihre Glieder in Zuständen höchster Erregung verknotet haben – ganz so, als handle es sich um Yogaübungen für Fortgeschrittene. Es ist offensichtlich, daß die Frau den Höhepunkt sexueller Erregung erreicht hat: Ihre Augen sind geschlossen, ihr Mund steht offen und sie sieht irgendwie »benommen« aus. Der muskulöse Kerl mit den leuchtenden Augen muß sicherlich das eine oder das andere »draufhaben«. Vielleicht hat er das letzte Handbuch »Wie mache ich es richtig?« gelesen. Solche Ratgeber liegen zu Dutzenden an Autobahnraststätten oder in Bahnhofskiosken aus, in ihnen wird präzise der Weg zur Lust nach Maß beschrieben. Und jede Frau kann sich entsprechend verhalten, wenn auch sie vorab gelesen hat, wie sie fühlen und antworten soll. Alles klar, also. Oder doch nicht?

Hat diese Entwicklung harmonischere und lustvollere Beziehungen gefördert? Falls nicht eine stattliche Anzahl von Leuten zu einem befriedigerenden Sexualleben gefunden hat, sind diese Veränderungen nichts wert. Es darf sogar gemutmaßt werden, daß bei manchen Leuten die Verwirrung eher größer geworden ist. Vielleicht, weil eine grundlegende Zutat in den beschriebenen Rezepten für sexuelle Harmonie nicht enthalten war: Verständnis.

Männer verstehen Frauen nicht. Sie täuschen allerdings auch gar nicht erst vor, es zu vermögen. Lassen Sie uns einmal einen ganz normalen Mann beobachten, den das Verhalten einer Frau zutiefst irritiert hat. Zuerst schüttelt er den Kopf und murmelt undeutlich vor sich hin, danach tut er die ganze Angelegenheit mit einem Achselzucken ab und wendet sich etwas anderem zu. Eifrige junge Männer, die sich bemühen, der weiblichen Logik zu folgen, werden schnell von Älteren und Erfahreneren auf die Nutzlosigkeit eines solchen Unterfangens hingewiesen. Egal, ob diese Klischees mit Sympathie oder Herablassung geäußert werden, sie sind uns vertraut, weil sie immer auch ein Körnchen Wahrheit enthalten. Aber nirgendwo fallen Mißverständnisse stärker ins Gewicht als im sexuellen Bereich. Männer können eben nicht nachvollziehen, wie Frauen fühlen und sexuell reagieren.

Um die weibliche Sexualität verstehen zu können, müssen wir eine unabänderliche Tatsache akzeptieren. Es handelt sich hierbei um ein Faktum, das im gegenwärtigen Meinungsklima fast schon revolutionär klingen mag, eine Tatsache, die aber grundlegend ist für alles, was im folgenden enthüllt werden wird. Es mag überholt klingen, wenn wir die Feststellung treffen, daß Frauen in der Sexualität anders reagieren als Männer. Vielleicht hat ja auch Sie seit längerem das dumpfe Gefühl beschlichen, daß es grundlegende Unterschiede im Sexualverhalten gibt. Haben auch Sie angesichts des allgemeinen Trends lieber geschwiegen?

Die Behauptung, daß die weibliche Sexualität von Natur aus der männlichen vergleichbar sei, hat in den letzten Jahren eine ungeheure Verbreitung erfahren. Das ist nicht wahr. Frauen sind anders. Die Ablehnung dieser Idee mag aus der fehlgeleiteten Interpretation herrühren, das Wort »anders« mit »unterlegen« gleichzusetzen. Im Gegenteil: Außer vielleicht an Muskelkraft, im Schachspiel und in der Kriegführung sind uns die Frauen in jeder Hinsicht überlegen. Das andere grundlegende Prinzip mag vielleicht nicht einmal mehr der Rede wert sein, aber es ist dennoch notwendig, es hier zu Beginn einzugestehen.

Es gibt durchaus Leute, die den Unterschied zwischen Männern und Frauen mit dem Hinweis darauf beseitigen wollen, daß Frauen so oft erniedrigt oder wegen ihres Geschlechts und ihrer Sexualität härteren moralischen Urteilen ausgesetzt gewesen sind. Jedem die gleichen Rechte einzuräumen, ist lobenswert, aber darauf zu bestehen, daß die offensichtlichen Unterschiede zwischen männlicher und weiblicher Sexualität allein daher rühren, daß Neugeborene entweder in Rosa oder Blau gekleidet und dann entsprechend den sozialen Erwartungen an Jungen oder Mädchen erzogen werden, trägt lediglich dazu bei, Verwirrung zu stiften. Soziales Lernen ist sicherlich bedeutend für die späteren sexuellen Einstellungen oder Hemmungen, aber das ist nicht alles. Darüber hinaus gibt es wichtige biologische Faktoren, die zur unterschiedlichen Entwicklung von Männern und Frauen beitragen, und wenn wir sie nicht kennen, bleibt die weibliche Sexualität ein Geheimnis für uns. Vor allem aber: Ohne Kenntnis dieser Faktoren bleibt der Weg zur freien Entfaltung der weiblichen Sexualität versperrt. So kann eine Frau beispielsweise weder in einer herkömmlichen Stellung während des einfachen Liebesaktes einen Orgasmus erlangen noch physisch auf dieselbe sexuelle Stimulierung antworten wie der Mann.

Die Kunst, das sexuelle Potential der Frau zu erschließen, verlangt die Kenntnis ihrer Natur wie auch den entsprechenden Umgang mit ihr. Hierbei handelt es sich um eine Art Zivilisationsprozeß, durch den die Sexualität von ihrer bloßen Funktion zu einem außergewöhnlichen Erlebnis gesteigert werden kann. Wir nehmen es für uns in Anspruch, zivilisierte Menschen zu sein: Wenn wir lediglich unserer Natur folgten, würden wir uns immer noch grunzend und knurrend verständigen. Bei manchen scheinen sich diese archaischen Gepflogenheiten im sexuellen Bereich nicht verändert zu haben.

Wie ist es möglich, daß der sogenannte Krieg der Geschlechter immer noch tobt und Männer nicht mehr von weiblicher Sexualität verstehen als die Generation ihrer Väter und Großväter? Es scheint fast, als hätte in den letzten zwei Jahrzehnten weder in Büchern noch in Filmen oder im Fernsehen auch nur irgendeine Art von Aufklärung stattgefunden. Und wieso leiden immer noch Paare an überkommenen sexuellen Problemen, wenn bereits Kinder durchaus gescheiten und lebhaften Aufklärungsunterricht erhalten, der darauf abzielt, daß sie die Fakten kennen?

Dies alles konnte geschehen, weil der ehrenwerte Versuch, die weibliche der männlichen Sexualität gleichzustellen, in unserer Gesellschaft dazu führte, die tatsächlichen und unausweichlichen Unterschiede zu leugnen. Ein echtes Verständnis dafür, wie sich Frauen entwickeln und sexuell reagieren, wurde dadurch unmöglich gemacht. Einen beachtlichen Schaden richtete in den letzten Jahren eine Handvoll allzu liberaler »Frauen« an, die hauptsächlich politische Töne anschlugen und behaupteten, die weibliche Sexualität sei grundsätzlich mit der männlichen identisch. Sie sei lediglich der repressiven männlichen Moral unter-

worfen und so zerstört worden. Sicherlich sind Frauen in stärkerem Maß als Männer Opfer moralischer Repression. Aber gerade wenn ihnen von einer lauten Minderheit suggeriert wird, daß sie genauso »draufgängerisch« sein können – ja sollten – wie ein Mann, so hat dieses weder die Ängste noch das Gefühl der Unterlegenheit beseitigt, einfach weil Frauen nicht dazu geschaffen sind, wie ein Mann zu funktionieren.

Auch die sexuelle Erziehung der Jugend scheint größtenteils an der Realität vorbeizugehen. Sie verführt zu der Vorstellung, daß wir nur aufrichtig und ehrlich über Sexualität zu reden bräuchten und schon entwickelten sich unsere Kinder zu aufgeklärten, wohlerzogenen Erwachsenen. Auch wenn es uns noch so sehr ärgert: Kinder bleiben sie selber, allen anstrengenden Versuchen, sie zu ordentlichen Menschen zu erziehen, zum Trotz. Kleine Jungen und auch kleine Mädchen legen bisweilen ein geradezu skandalöses Interesse am anderen Geschlecht an den Tag. Das hat ganze Armeen von Mittelklasse-Eltern dazu verleitet, sich ihrem kichernden Nachwuchs gegenüber so »natürlich« wie möglich zu geben. Diese Eltern brauchen ihren siebenjährigen Peter oder Paul nur unschuldig laut darüber nachdenken zu hören, wo er denn herkäme, um ihn schnurstracks mit einer Flut von Informationen zu überschütten: über Phallussymbole, die Bedeutung des Geschlechtsverkehrs und die Millionen von Spermien, die so klein sind, daß man sie mit dem bloßen Auge nicht erkennen kann. Die Tatsache, daß er diese Frage nur gestellt hat, weil sein neuer Schulkamerad aus Hamburg zugezogen ist, bleibt unbeachtet. Dieselben Kinder, die im Anschluß an eine Unterrichtsstunde über »sexistisches Verhalten« auf den Schulhof strömen, teilen sich fein säuberlich in zwei Gruppen: Jungen und Mädchen. Und jede Gruppe hat ihre eigenen Regeln und Rituale, ihre eigene Sprache und Einstellungen und betrachtet die andere als Gegner.

Diese Trennung kann niemals vollständig überwunden werden. Männer und Frauen erlangen nur äußerst selten eine tiefe und dauerhafte sexuelle Harmonie. Sogar glücklich verheiratete Paare haben schon manches Mal feststellen müssen, daß ihre sexuellen Erwartungen und Bedürfnisse unterschiedlich sind und daß sexuell aktiv zu werden für den Mann etwas anderes bedeutet als für die Frau. Man braucht nur einmal in die Gespräche von Männern am Stammtisch hineinzuhören, um sich zu fragen, ob überhaupt irgendein Fortschritt bei der sexuellen Übereinstimmung zwischen Männern und Frauen erzielt worden ist.

Zugegebenermaßen ist die geschlechtsspezifische Erziehung ein wichtiger Faktor. Es kann auch ziemlich niederschmetternd sein, wenn man junge Männer hört, die mit ihren sexuellen Abenteuern prahlen und dabei die Geschichte mit maßlos übertriebenen Details ausschmücken. Die jungen Frauen, die dasselbe machen, werden von ihnen ignoriert, oder, schlimmer noch, verachtet. Bleibt nur zu hoffen, daß sie reifer werden. Tatsache ist jedoch, daß im Grunde nur zählt, ob man als Junge oder als Mädchen auf die Welt gekommen ist. Selbst die erklärteste Feministin würde sich nicht damit zufrieden geben, wenn man ihr sagt, daß sie ein gesundes, achteinhalb Pfund schweres Baby zur Welt gebracht habe. Die erste Frage wird immer lauter: »Ja, aber ist es ein Junge oder ein Mädchen?«

Frauen unter sich

Frauen wissen selber nur allzu gut, daß sie, wenn sie über die einzelnen Aspekte der Sexualität sprechen, den größten Geheimbund der Welt bilden. Frauen interessieren sich nämlich ganz außerordentlich für dieses Thema. Wenn es einem Mann jemals gestattet wäre, bei diesen Gesprächen der Frauen zugegen zu sein, so käme dies sicherlich einer Offenbarung für ihn gleich. Tatsächlich führen die weibliche Fähigkeit und Bereitschaft, untereinander die intimsten Dinge zu diskutieren und zu analysieren, bei Männern aus ganz offensichtlichen Gründen zu Irritation und Beklommenheit. Denn Männer sind sich ihrer sexuellen Fähigkeiten niemals völlig sicher, und der Gedanke, daß sie sein Verhalten vor ihren Freundinnen zur Schau stellt, löst Angst und manchmal sogar Abneigung aus. Männer bilden keine vergleichbaren Gruppen, in denen sie ihre sexuellen Belange mit solcher Offenheit diskutieren. Im Gegenteil, ein erwachsener Mann fühlt sich eher unangenehm berührt, wenn einer seiner Freunde unliebsame Geheimnisse aus seinem Intimleben preisgibt – auch wenn er den Freund seit Jahrzehnten jeden Freitag auf ein Glas Bier in der Kneipe getroffen hat und mit dessen Ansichten über Verteidigungspolitik, Fußball etc. übereinstimmt.

Was reden Frauen eigentlich, wenn es sich um Intimes dreht? Es ist sicherlich nicht für die Ohren der Männer gedacht, wenn in ungezählten Küchen zwei oder mehrere enge Freundinnen ihre allerprivatesten Gefühle über den Sex austauschen. Falls ein Mann zu solch einer intimen Gruppe stößt, wird dieses heikle Thema automatisch fallengelassen, und man wendet sich einem unverfänglicheren Gesprächsthema zu. Allerdings lassen sich in solchen Gesprächen die wertvollsten Informationen sammeln. Sicherlich handelt es sich nicht um die Dinge, über die gewöhnlich geschrieben wird, aber wir können in ihnen erfahren, wie Frauen fühlen und sich sexuell verhalten. Es ist eine Sache festzulegen, wie Frauen sich verhalten sollen, aber eine andere, einfach zuzuhören und auf diese Art herauszufinden, wie sie sich tatsächlich verhalten, und letzteres taucht immer wieder in ihren Gesprächen auf. Frauen sind viel schneller als Männer bereit zuzugeben, daß es Phasen in ihrem Leben gibt, während derer sie sich nicht für Sex interessieren. Darüber hinaus empfinden sie sich oft als »minderwertig«, weil es ihnen nicht gelingt, den Idealen, die ihnen in der Werbung vorgegaukelt werden, zu genügen. In einer Diskussion zu entdecken, daß es anderen Frauen oftmals genauso geht, ist eine wertvolle Gruppentherapie, andernfalls könnte der mangelnde Widerhall durchaus zu einem ernsten Problem werden. Immer wieder berichten Frauen, wie bedeutend Zuwendung und Zärtlichkeit in der Sexualität sind. So beschreiben sie beispielsweise, wie sie nach einem besonders heftigen Streit mit ihrem Mann zu Bett gehen und sich verletzt und lustlos fühlen. Angespannt und nervös liegen sie im Bett und leiden immer noch unter dem, was er gesagt hat. Daß ihr Mann sich in dieser Situation dann zu ihnen dreht und nichts anderes im Sinn hat als Sex, können sie kaum glauben. Wie KANN er nur! Auf der anderen Seite rollt sich der Mann zurück auf seine Betthälfte, weil er erkennt, daß ihm ein gefrorener Stockfisch eher entgegenkäme, und bereitet sich auf eine unbefriedigende Nachtruhe vor. Was um alles in der Welt mag in ihrem Kopf vorgehen? Gut, sie hatten sich

gestritten, aber das liegt doch bereits Stunden zurück. Warum stellen sich Frauen so an?

Frauen können außergewöhnlich sinnlich, sexy und prickelnd in ihrem Sexualleben sein. Ein in Frauengesprächen immer wiederkehrendes Thema ist Körpergeruch. Sie sind eingestimmt auf ihren eigenen Biorhythmus und wissen, daß sich ihr eigener Geruch aufgrund ihres Menstruationszyklusses in Art und Stärke ändert. Sie wissen auch, daß ein natürlicher, leicht nach Moschus riechender Vaginalgeruch sexuell stimulierend wirkt. Trotzdem ist die Mehrheit der Frauen verunsichert, weil sie befürchten, daß ihr Geruch des Guten zuviel wäre. Man mag sich fragen, wieviele sexuelle Annäherungen im Sande verlaufen sind, nicht etwa weil die Frau sich nicht nach Sex sehnte, sondern weil sie zögerte: den ganzen Tag über hatte sie denselben Schlüpfer getragen; ihre Sorge ist plötzlich übermächtig, daß ihrem Slip der unangenehme Duft einer geöffneten Sardinenbüchse entströmen könnte. Männer werden selten in solche Überlegungen einbezogen. Vor allem in den ersten Tagen einer sexuellen Beziehung verwirrt es den Mann, wenn eine unergründliche weibliche Logik dazu geführt hat, daß eine an sich lustvolle und empfängliche Partnerin sich plötzlich spröde und widerstrebend gibt. Es wäre ja auch denkbar, daß sie seine Annäherungsversuche zurückweist, weil sie nicht von ihm angetan ist. Woher soll er das wissen?

Über einen unglücklichen Mann, der vergeblich bemüht ist, seine Partnerin sexuell zu stimulieren, hat schon manch schlechter Witz die Runde gemacht. Die meisten Frauen erkennen schnell den feurigen, aber ratlosen Liebhaber, der offensichtlich vorab in einem »Wie mache ich es rich-

vom Konkurrenzkampf geprägten Welt die besten Überlebenschancen erhält. Schwache und empfindliche Neugeborene haben schlechtere Aussichten als kräftigere. Mit Blick auf diese sehr grundlegenden biologischen Prinzipien ist es für die Frau durchaus sinnvoll, überaus wählerisch zu sein. Denn sie wird der Schwangerschaft und der Erziehung ihrer Kinder so viel Zeit widmen, daß sie sich sicher sein möchte, den richtigen Partner gewählt zu haben. Sie wartet den richtigen Augenblick ab. Gewöhnlich werden Frauen

tig?«-Sexualratgeber gelesen hat, daß die Brustwarzen eine erogene Zone darstellen und nun mit einer unglaublichen Ausdauer, die ihr die Tränen in die Augen treibt, darangeht, ihr in die Brust zu beißen oder diese mit den Händen zu kneten. Aber wie soll er wissen, daß sie vor Schmerz und nicht aus Lust stöhnt. Frauen seufzen, wenn sie erregt sind – oder etwa nicht?

Die biologische Komponente unserer Sexualität

Ohne Zweifel dient die sexuelle Aktivität des Menschen auch einer biologischen Funktion – der Fortpflanzung und der Arterhaltung. Der Fortbestand der eigenen Gattung ist für jedes Lebewesen die treibende Kraft. Auf dieser Ebene dient der Sexualakt zwischen Mann und Frau lediglich dazu, die Frau zu schwängern, d. h. Nachwuchs zu zeugen. Der ganze Prozeß wird als lustvoll empfunden, und dieses Lustgefühl soll die Beteiligten stimulieren, den Akt zu wiederholen. Es liegt im Interesse der einzelnen, daß der Nachwuchs möglichst stark und lebensfähig ist, damit er in einer

viel häufiger aufgefordert mit einem Mann zu schlafen, als daß sie einwilligen. Dieses Wartenlassen, die Verlängerung des Werberituals, ist auch ein Mittel, um herauszufinden, ob der Mann gewillt ist, bei ihr zu bleiben und ihr bei der Erziehung der Kinder zur Seite zu stehen.

Wenn sie sich keine Zeit läßt, ihre Wahl zu treffen unter den Männern, die ihr ihre Liebe erklären, riskiert sie es, von dem ersten Besten geschwängert zu werden, von einem Nichtsnutz, der einer Frau in der ersten Nacht ein Kind »anhängt« und dann auf Nimmerwiedersehen verschwindet; denn es gibt ihn immer noch, den Mann, der seinen Samen sät, ohne jemals an die Ernte zu denken.

Natürlich spielt sich das Sexualleben der Menschen nicht mehr auf diesem rein biologischen Niveau ab. Mit der Einführung wirkungsvoller Verhütungsmethoden brauchte der Beischlaf nicht mehr länger eine Schwangerschaft zur Folge zu haben, und die besonders angenehme Seite der ganzen Geschichte konnte zum Selbstzweck einer Beziehung entwickelt werden. Sex dient mehr der Entspannung als der Vermehrung, und allein die rein körperliche und gefühls-

mäßige Erregung und Befriedigung macht ihn zu einer lohnenswerten Sache. Es wäre jedoch ein Fehler annehmen zu wollen, daß wir uns gänzlich von unserem biologischen Erbe loslösen könnten: Männer und Frauen werden stärker durch die Überreste ihrer biologischen Instinkte motiviert als sie ahnen. Sehr viel in unserem Sexualverhalten geht auf unterbewußte Prozesse, zu denen wir keinen Zugang haben und die wir nicht erklären können, zurück. Wenn wir versuchen, unsere sexuelle Wahl und unsere diesbezüglichen Gefühle zu erklären, so geschieht dies ausschließlich auf verstandesmäßiger Ebene. Eine junge Frau, die die sexuellen Annäherungsversuche von drei Partnern zurückgewiesen hat, aber den vierten akzeptiert, erklärt dies wie folgt: »Uli, Jochen und Stefan wollten immer nur das eine, aber Klaus, der liebt mich wirklich.«

Wenn sie jedoch die Pille nimmt, warum ist sie dann nicht mit allen Vieren ins Bett gegangen? Lassen Frauen die Gelegenheit zu einem sexuellen Abenteuer ungenutzt vorübergehen, nur weil die Gesellschaft ihnen eingeredet hat, so etwas gehöre sich nicht für ein anständiges junges Mädchen? Bestimmt spielt das eine Rolle, und diese Moralvorstellungen, die eine auch im sexuellen Bereich abenteuerlustige Frau verurteilen, sind beklagenswert. Alle Menschen, ob Mann oder Frau, unterscheiden sich hinsichtlich ihrer sexuellen Motivation und ihres sexuellen Interesses. Soziale Gerechtigkeit bedeutet auch, ihnen die Möglichkeit zu geben, ihre Sexualität auf die Art und Weise zu leben, die sie selbst am meisten befriedigt und den anderen den geringsten Schaden zufügt.

Die Rolle wichtiger biologischer Faktoren wird dadurch nicht in Frage gestellt. Sie zu berücksichtigen bedeutet nicht, Frauen zu einem sexuell eingeschränkten Leben, das von unserer biologischen Natur beherrscht wird, zu verurteilen. Im Gegenteil, die Biologie zu kennen, heißt, sich von vielen Zwängen freizumachen.

Die biologische Sichtweise bestätigt: Wenn es darum geht, einen Sexualpartner zu wählen, zählt für Frauen die Qualität und nicht Quantität.

Sexuelle Phantasien

Alle sexuell gesunden Menschen haben Tagträume und Phantasien, in denen ihrer Einbildungskraft keine Grenzen gesetzt sind. Sie können Stunden damit verbringen, sexuell erregende Situationen heraufzubeschwören, und der einzelne kann, da er gleichzeitig Produzent und Regisseur dieser geistigen Videos ist, all das machen, was ihm oder ihr gefällt. Es handelt sich dabei um einen Zeitvertreib, dem man fast überall nachgehen kann, und der einem hilft, eine langweilige Besprechung oder eine lange Zugfahrt zu überstehen. Frauen verbringen fast genausoviel Zeit mit ihren sexuellen Phantasien wie Männer – wahrscheinlich sogar mehr, wenn sie so alltägliche Aufgaben wie Bügeln oder Kartoffelschälen verrichten. Frauen können ihren sexuellen Phantasien auch eher in der Öffentlichkeit freien Lauf lassen, weil sie sich, im Gegensatz zu Männern, höchstens durch einen starren, glasigen Blick oder ein leichtes, rätselhaftes Lächeln verraten. Männer sind in dieser Hinsicht im Nachteil, denn sie haben darüber hinaus mit einer Erektion zu kämpfen, was die vielfältigsten Strategien zu ihrer Verbergung zur Folge hat: Sie schlagen z. B. die Beine übereinander, wickeln sich fest in ihr Jackett ein oder zeigen ein überaus auffälliges Interesse für ihre Umwelt.

Der Inhalt sexueller Phantasien kann durchaus bizarr sein, und die meisten Menschen behalten die Details bei sich, weil sie wissen, daß sie schnell als pervers gelten würden, wenn sie auch nur einige der heißen Szenen beschreiben würden, in denen sie die Hauptrolle spielen. Es handelt sich jedoch um ein harmloses Vergnügen, und es ist fraglich, ob auch nur einige ihre Phantasien in die Tat umsetzen würden, erhielten sie dazu die Gelegenheit. Vermutlich wären Frauen wesentlich zurückhaltender als Männer, denn zum einen neigen Frauen weniger zur Promiskuität und zum anderen werden Frauen zu größerer Zurückhaltung bezüglich sexueller Abenteuer und Experimente erzogen, was sogar in einer Liebesbeziehung zutrifft. Aus die-

sem Grund mag eine Frau sich sogar wegen der Dinge, die sie sich bloß vorstellt, schuldig, vielleicht sogar verdorben fühlen. Ganz offensichtlich gehört es zum sogenannten guten Ton, daß Frauen an gewisse Dinge noch nicht einmal denken.

Dennoch erleben Frauen die ganze Bandbreite sexueller Phantasien, und jede Frau wird ihre Lieblingsvorstellung haben, die sie immer wieder gern aufgreift und wie Akte einer Seifenoper inszeniert. Diese kleinen Szenen mit einer ganzen Reihe von Darstellern können sehr ausgefeilt sein. Ein attraktiver Aspekt ist sicherlich die Tatsache, daß neue Rollen geschaffen und alte Charaktere sofort verbannt werden können, wenn die Geschichte eine unerwünschte Wen-

dung nimmt. Diese Geschichten decken das ganze Spektrum ab – vom romantischen Liebesroman bis hin zum von sexueller Zügellosigkeit bestimmten »heißen Porno«.

Millionen verheirateter Frauen, die sich eher umbringen würden als sich auf einen Liebhaber einzulassen, träumen davon, es mit einer ganzen Armee aufzunehmen oder mit mehreren schönen Männern gleichzeitig zu schlafen. Auf dieser Ebene sind ihre Phantasien reine Lust. Dieselbe Frau hat vielleicht in einer besonders scharfen Szene die Rolle einer Prostituierten gespielt und dabei die Erfahrung zu Männern auf rein körperlicher Ebene erforscht. Eine aufregende Sache! Oder sie träumt von einem rasanten Strip, der ihr das Gefühl von Macht vermittelt, weil sie die Regie führt. Sexuelle Phantasien dieser Art können besonders aufregend sein und stellen einen ganz normalen Aspekt der weiblichen Sexualität dar. Die Matrone mit den bläulich-weißen Haaren, die den Kochclub leitet, mag durchaus während der letzten Nacht ein heftiges, imaginäres Liebesabenteuer mit einem Seemann gehabt haben; während die würdevolle Dame aus der Bücherei die jungen Männer aus der Verwaltung verführt hat – einen nach dem anderen. Auch wenn es aus vielerlei Gründen unwahrscheinlich ist, daß eine Frau diese Phantasien in der Realität ausleben will, so können sie doch in einer sexuellen Partnerschaft stimulierend wirken. Es ist wahr, manche Sachen behält man am besten für sich – es wäre keine gute Idee, der eigenen Frau zu erzählen, daß man nur davon träumt, einmal mit ihrer besten Freundin zusammen zu sein –, aber über sexuelle Phantasien zu sprechen, kann besonders stimulierend wirken, wobei Sie so offen reden können, wie Sie wollen. Vielen Paaren kann das Anregungen für neue Liebesspiele geben, die ihren Spaß im Bett vergrößern. Das ist schließlich der Sinn der Übung.

Die romantische Phantasie

Vielen Frauen sind romantische Phantasien vertrauter. Die einzelnen Elemente sind den meisten bekannt. Die erste und bedeutendste Zutat ist der Mann, und die Frauen können ihre Phantasiehelden bis ins letzte Detail beschreiben. Seine körperlichen Vorzüge stehen bei der Erschaffung des Märchenprinzen an erster Stelle. Wir kennen seine Größe und Haarfarbe genauso gut wie seine Figur. Dabei spielt es keine Rolle, ob es sich bei dem Ehemann um einen durchschnittlich gewachsenen Mann mit sich lichtendem grauen Haar und Plattfüßen handelt. So sieht er eben aus, und sie würde sich nie von ihm trennen, aber der Held ihrer Träume ist mindestens einsachtzig groß, braungebrannt, mit einem Gebiß wie aus einer Zahnpastareklame und einem muskulösen Körper. Andere Charakteristika: Er ist charmant, tapfer und in allem erfahren: er beherrscht den freien Fall mit dem Fallschirm ebenso gut wie er mit den schönen Künsten vertraut ist. Von Beruf ist er Bergsteiger, Tiefseetaucher, Ingenieur auf einer Bohrinsel, vielleicht auch Fernfahrer. Frauen werden erstaunlich befangen, wenn sie diese Details enthüllen, oder sie lachen unvermittelt über das, was sie als ihre eigene Rührseligkeit bezeichnen. Um dem Verdacht vorzubeugen, daß die Phantasiegestalt zu sehr an einen Macho erinnert und deswegen der Frau und ihren Bedürfnissen gegenüber unsensibel ist, müssen wir noch hinzufügen, daß er natürlich auch zuvorkommend, überlegt, besorgt, intelligent und zärtlich ist. Ein Kampfpilot, der gleichzeitig auch Konzertpianist ist, würde in etwa die Vorstellungen treffen. Diese Kombination unterschiedlichster Qualitäten mag lachhaft wirken, aber daran sollte sich niemand stören. Das nächste Element im Bild spricht für sich selbst: Er wird von allen begehrt und von den attraktivsten Frauen belagert, aber nein, er begehrt ausschließlich eine. Raten Sie einmal, welche? Wegen die-

ser Ausschließlichkeit wird er ihr Liebhaber, und auf diesem Feld ist er praktisch unschlagbar. Er weiß genau, was er zu tun hat, ist zärtlich, packt manchmal auch kräftig zu, übergeht ihre Proteste, die zugegebenermaßen eher schwach sind. Aber sie ist ja auch keine unglückliche Frau, denn sie will ja nur von ihm genommen werden. Sie hat ihn schließlich geschaffen, wie sie ihn haben will, genau wie auch in der Wirklichkeit die Frauen ihre Männer sorgfältig auswählen. Dem Mann mag es gar nicht bewußt sein, daß er so genau unter die Lupe genommen worden ist, so subtil sind ihre Mittel gewesen. In diesen Phantasien finden sich noch viele Spuren unserer biologischen Natur. Das heißt, der ideale Lebensgefährte wurde wegen seiner herausragenden Eigenschaften erwählt, wegen seiner Liebe zu der Frau, seiner Sorge um ihr Wohlergehen. Durch hartnäckige und manchmal auch vehemente sexuelle Attacken unterwirft und erregt er sie und besiegt so ihren Widerstand.

Die Verbreitung solch weiblicher Phantasien mag mit dafür verantwortlich sein, daß manche Männer die abstoßende Vorstellung vertreten, jede Frau wolle vergewaltigt werden. Jede Vergewaltigung stellt eine brutale Verletzung dar, und die Vorstellung, daß ein ganz und gar ungeliebter Mann seine Kraft dazu benutzt, um sie sexuell zu mißbrauchen, widert jede Frau an. Und es hat auch nichts mit dem Wunsch zu tun, manchmal einen körperlich überlegenen Partner ihrer Wahl zu wollen. Frauen haben manchmal Vorbehalte, mit einem Mann zu schlafen, auch wenn sie sich danach sehnen. Dies hat nichts mit dem Mann, sondern mit ihren Gefühlen zu tun. Vielleicht ist es weder der richtige Ort noch der richtige Zeitpunkt. Um diesen Widerstand zu überwinden, darf ein Mann zum Mittel der Verführung greifen, aber niemals darf er eine Frau vergewaltigen.

Der außergewöhnliche Erfolg der Bücher Barbara Cartlands hängt zweifellos mit diesen Phantasien zusammen. All ihre Geschichten drehen sich um das Thema »sexuelle Phantasie«, sie spielen in Krankenhäusern oder auf Landgütern, sind modern oder historisch. Der Bedarf an solchen Geschichten scheint unstillbar zu sein, und Millionen von Frauen kaufen sie. Sie lesen sie, während sie ihrer Hausarbeit nachgehen – die Leserinnen sind also ganz normale Frauen, in denen dieses Thema eine Saite zum Klingen bringt und denen diese Bücher einige geheime Wünsche erfüllen. Man braucht nur die glutäugige Heldin und den geheimnisvollen Reiter auf dem Umschlag zu sehen, um zu wissen, was einen erwartet:

»Christabel stand am Fenster, blickte hinaus auf die grünen Felder und preßte ihre heißen, tränenüberströmten Wangen gegen das kalte Glas. Bei dem Gedanken daran, daß sie Gregory niemals wiedersehen würde, seufzte sie so tief, daß ihr ganzer Körper vor Elend tief erschauerte. In diesem Augenblick würde er über das dunkle, wolkenverhangene Moor ins Ungewisse reiten. Plötzlich hörte sie, wie die Tür zur Bücherei geöffnet wurde, und als sie sich mit einem kurzen Aufschrei umdrehte, sah sie ihn im Türrahmen stehen. Eine unbekannte, angsterfüllte Leidenschaft wallte in ihr auf, als er sich ihr schweigsam und zielstrebig näherte. Unfähig, auch nur ein Wort zu sagen, schüttelte sie in leisem Protest den Kopf und streckte ihre Arme aus, um ihn abzuhalten, aber es war eine hilflose Geste. Er nahm sie in seine starken Arme und preßte sie hart an seinen Körper.

Sie versuchte, gegen seine Brust zu schlagen, aber er hielt sie fest. Ihre weitgeöffneten, furchtvollen Augen suchten in seinem Gesicht nach einer Andeutung von Zärtlichkeit, und ihr Herz begann angstvoll zu schlagen, als sie den harten Zug um seinen Mund sah. Langsam und sicher beugte er sich herunter und küßte sie mit einer Begierde, die Erfüllung forderte, und sie fühlte, wie ihr Widerstand langsam zerbrach...«

An dieser Stelle bricht die Erzählung gewöhnlich ab und das nächste, an das die Heldin sich erinnern kann, ist, daß sie nun eine Frau ist. Was vorher mit ihr war, weiß nur der Himmel; auf jeden Fall verkaufen sich solche Geschichten in Millionenauflage. Liegt es daran, daß Frauen von »kapitalistischen Mächten« manipuliert werden, die nur Interesse daran haben, unkritische Leserinnen heranzuziehen, mit denen sich der große Reibach machen läßt? Sind wirklich alle Frauen so dumm und so leicht beeinflußbar? Sie wissen genau, was sie von solch einem Buch erwarten, sonst würden sie Verstand genug besitzen, es in den Müll zu werfen, statt es zu lesen. Könnte es also nicht sein, daß es ihren Erwartungen entspricht? Immer mehr Frauen fühlen sich bei der Lektüre dieser Bücher irgendwie schuldig. Die Stellung, die sie in der Öffentlichkeit bekleiden, verträgt sich nicht mit solchem romantischen Getue, und in Gesellschaft sind sie gezwungen, solche Bücher als sexistisch oder gar als Pornographie zu verurteilen. Das soll nicht heißen, daß alle Frauen sich davon angesprochen fühlen – aber die Mehrheit der weiblichen Bevölkerung scheint die Annahme eines so gearteten grundlegenden Aspekts der weiblichen Sexualität zu bestätigen.

Die sexuelle Entwicklung der Frau

Die Pubertät bezeichnet den Abschnitt im Leben, in dem ein Kind beginnt, sich zu einem sexuell reifen Erwachsenen zu entwickeln. Mädchen und Jungen, die bisher mehr oder minder gleich ausgesehen haben, entwickeln sich nunmehr in gänzlich andere Richtungen, und auch die Wahrnehmung ihrer eigenen Entwicklung vollzieht sich vollkommen anders. In diesem Kapitel werden wir uns mit der weiblichen Sexualität beschäftigen. Sexuelle Gefühle sind bei heranwachsenden Mädchen im allgemeinen viel diffuser als bei Jungen. Sie nehmen eine angenehme Wärme, ein undefinierbares Ziehen im Unterleib sowie ein warmes und ruheloses Gefühl im Becken wahr. Diese aufregenden Gefühle können auf harmlose Art und Weise verstärkt werden, indem sie ihre Schlüpfer höher ziehen, auf den Hacken sitzen, reiten oder unbewußt ihren Genitalbereich massieren. Das alles sind sehr sinnliche Gesten, auch wenn sie für gewöhnlich nicht als solche wahrgenommen werden, und das Gefühl, das sie erzeugen, entlädt sich im allgemeinen in romantischen Phantasien und Tagträumen über bestimmte Popstars oder irgendwelche anderen unerreichbaren Männer – oder auch andere Frauen: junge Mädchen »verknallen« sich während ihrer Pubertät auch in ältere Freundinnen. Auf jeden Fall werden diese Wogen sexueller Erregung anfangs noch nicht als das erste Stadium eines Prozesses wahrgenommen, der im Orgasmus enden wird. Anders als Jungen wissen Mädchen in diesem Alter noch nichts über Selbstbefriedigung oder Masturbation.

Es wird oft behauptet, daß junge Frauen nicht denselben Grad sexueller Erregung erlangen wie junge Männer, aber es wäre falsch, die Stärke weiblicher Erregbarkeit zu unterschätzen. Allerdings ist die Befriedigung viel weniger spezifisch, und Mädchen scheinen nicht so sehr danach zu streben, die sexuelle Anspannung durch einen Orgasmus zu lösen. Jungen lernen schnell, daß sich die sexuelle Anspannung durch eine Ejakulation entlädt – wenigstens für einige Zeit.

Das sexuelle Verhalten von Mädchen in dieser Zeit ist entspannter, herzlicher und kameradschaftlicher. Sie sind viel körperbetonter im Umgang miteinander: ein Verhalten, das im Erwachsenendasein anhält. Frauen sind in der Lage, Arm in Arm die Straße entlangzuschlendern und dabei an-

geregt miteinander zu plaudern. Sie unterstützen einander bei der Kosmetik, verbringen Stunden damit, einander die Haare zu bürsten und verschiedene Frisuren auszuprobieren. In gemischten Gruppen ist es nicht unüblich, daß eine Frau ankündigt, sie ginge zur Damentoilette, und damit ein Signal an die anderen Frauen gibt, sich ihr anzuschließen. Oft bilden sie dann kleine Grüppchen und verschwinden für eine beträchtliche Zeit im Waschraum. Verhielten sich Männer genauso, würden sie ein beachtliches Risiko eingehen, ihre Reputation zu verlieren.

Mädchen sind liebevoll und besorgt, sie kuscheln gern und mögen Zärtlichkeiten. Phantasien, die aus dem sexuellen Erwachen und dem beschleunigten Wachstum resultieren, lassen den Wunsch nach einer Verbindung mit dem Traummann aufkommen, der einen in die Arme nimmt und Wärme ausstrahlt. Intimitäten werden gewöhnlich mit einer weitausgesponnenen Geschichte eines äußerst begehrenswerten Mannes verbunden, der von allen Frauen verfolgt wird, aber nur die eine will. Seine Zuneigung beweist er durch ein intimes Werben um ihre Liebe. Die Phantasien, die junge Männer in demselben Alter heraufbeschwören, sind um einiges konkreter.

Taktile Stimulierung – das Gefühl, berührt zu werden – ist einer der wichtigsten Bestandteile im Prozeß der sexuellen Erregung einer Frau. Männer reagieren sehr viel stärker auf visuelle Reize – daher auch der Überfluß an Magazinen, in denen halb- und unbekleidete Frauen abgebildet werden.

Auch wenn Mann und Frau in der Wirklichkeit zueinandergefunden haben, sind Frauen in der Lage, die körperliche Vereinigung hinauszuzögern. Allen Aufklärungskampagnen der letzten Jahre und der leichten Verfügbarkeit von Verhütungsmitteln zum Trotz läßt sich immer noch feststellen, daß in beinahe allen Partnerschaften die Frauen bestimmen, wann und wo die Beziehung ihre Erfüllung findet – wenn überhaupt.

In Millionen geparkter Autos und Wohnzimmern spielen sich Abend für Abend lange schweißtreibende Szenen ab, bei denen Gekeuche und Gestöhne, Quietschen und Knarren die Kulisse bilden. Es ist wohl ziemlich unwahrscheinlich, daß diese Zusammenkünfte nur deshalb so in die Länge gezogen werden, weil die Liebste ihren Partner noch überreden muß, den entscheidenden Schritt zu tun.

Es hat den Anschein, als seien Frauen relativ immun gewesen gegen die Kampagnen der letzten Zeit, die sie auffordern, ihre Vorbehalte und Vorurteile gegen Sex über Bord zu werfen. Ihnen wurde suggeriert, daß sie sexuell so »verworfen« sein könnten, wie sie wollten, wenn nur ihr Verhalten ihnen selbst zu Vergnügen und Erfüllung verhelfe – wer will sich zum Richter darüber aufwerfen? Aber es ist offensichtlich, daß junge Frauen, Kinder eines aufgeklärten Zeitalters, immer noch von Zweifeln geplagt werden, z. B. wenn es um ein Abenteuer für eine Nacht geht. Promiskuität macht sie auf lange Sicht sicherlich nicht glücklich. Im Gegensatz dazu fühlen sich junge Männer oft nachgerade verpflichtet, in ihrem Leben so viele sexuelle Erfahrungen wie nur irgend möglich zu sammeln – mit

mehr oder weniger Erfolg. Damit soll keineswegs eine Doppelmoral propagiert werden, die den Männern erlaubt, was sie den Frauen verbietet. Sie läßt zu, daß die Frauen als Objekt begehrt und als »Beute« erniedrigt werden.

Junge Frauen scheinen im allgemeinen sehr viel wählerischer zu sein als ihre gleichaltrigen Partner. Es werden ihnen aber auch sehr viel mehr Angebote gemacht als den Männern.

Das ausgeprägte Bedürfnis der Männer, im sexuellen Bereich zu experimentieren, und das vergleichsweise Widerstreben der Frauen wurde oft der unterschiedlichen Erziehung zugeschrieben: Mädchen, so heißt es, sei ein ausgeprägtes Schamverhalten anerzogen. Das mag zum Teil zutreffen, aber es gibt andere triftige Gründe für Mädchen, größere Vorsicht walten zu lassen.

Das weibliche Sexualverhalten

Männer wie Frauen weisen einige charakteristische physiologische Veränderungen auf, wenn sie sexuell erregt werden; bestimmte Abläufe sind bei beiden gleich, wie etwa die allgemeine Veränderung im Stoffwechsel: Das Herz schlägt schneller und die Atemfrequenz steigt. Der Puls beginnt zu rasen, während das Blut durch den Körper gepumpt wird. Die vermehrte Durchblutung von Becken und Genitalbereich führt bei Männern zu einer Erektion, bei Frauen schwellen die Genitalien unterschiedlich stark an und färben sich dunkler: Dieser Prozeß ist bei manchen Frauen kaum wahrnehmbar, bei anderen gut zu verfolgen. Während dieses Stadiums vollziehen sich noch einige weitere körperliche Veränderungen, die als Lustgefühle empfunden werden. Die Vagina wird feucht und gleitfähig, und die Innenwände der Scheide schwellen an. In diesem Stadium der Erregung miteinander zu schlafen ist besonders angenehm. Manchmal, aber nicht immer, fühlen Frauen, wie sich diese Erregung steigert, bis sie sich in einer durchdringenden, wellenartigen Empfindung entlädt; im Anschluß daran scheint die sexuelle Spannung förmlich dahinzuschmelzen. Dieses Erlebnis ist der mysteriöse, am schwersten zu beschreibende und am wenigsten verstandene Aspekt weiblicher Sexualität – der weibliche Orgasmus.

Der Orgasmus bezeichnet den Höhepunkt, der erreicht wird, wenn die sexuelle Stimulation intensiv genug geworden ist. Bei einem Mann ist er unschwer zu verkennen, er

wird begleitet von einer besonders angenehmen Muskelkontraktion des Penis, während derer der flüssige weiße Samen abgegeben wird. Was aber passiert denn eigentlich bei einer Frau? Es wird angenommen, daß Frauen heutzutage häufiger einen Orgasmus haben. Aber was ist, wenn sie nur manchmal oder nie den Höhepunkt erreichen? Stimmt irgendetwas nicht? Man kann sich natürlich an eine Sexualberatungsstelle überweisen lassen, wo vielleicht eine physisch oder psychisch begründete Unfähigkeit zum Orgasmus festgestellt wird. Läßt man diesen Aspekt aber einmal beiseite, so gibt es eine immense Zahl von Frauen, die stets einen Orgasmus vortäuschen, ohne ihn jedoch erreicht zu haben. Anders als beim Mann kann die sexuelle Reaktion einer Frau von Anfang bis Ende vorgetäuscht werden – und dies geschieht leider sehr oft. Es ist ein durchaus ehrenwertes Motiv, die Gefühle des Partners nicht verletzen zu wollen, wenn das sexuelle Zusammensein enttäuschend verlief. Allerdings wäre es sehr viel wichtiger, Kenntnis von der Tatsache zu nehmen, daß es sich bei dem Orgasmus einer Frau um eine sehr viel zufälligere Angelegenheit handelt als beim Mann. Und dafür gibt es stichhaltige biologische Gründe. Eine Frau muß den Orgasmus quasi »erlernen«. Es muß ganz deutlich gesagt werden, daß Sex auch dann für eine Frau angenehm sein kann, wenn sie nicht zu einem Höhepunkt kommt – allerdings ist Sex ungleich schöner, wenn sie und ihr Partner einige Techniken kennen, die auch ihr zum Orgasmus verhelfen.

Der weibliche Orgasmus
Um die Funktionsweise der weiblichen Sexualorgane verstehen zu lernen, müssen wir den Geschlechtsverkehr von seiner biologischen Seite her betrachten, die Befruchtung der Frau und ihre nachfolgende Schwangerschaft. Wie ist das in der Natur geregelt? Die sexuelle Erregung des Mannes tritt oftmals ganz unvermittelt auf, vielleicht war er aber auch schon auf der Suche, getrieben von seinem Verlangen. Er müßte dann in der Lage sein, die Frau nicht nur davon zu überzeugen, daß er ein geeigneter Partner ist, sondern auch alle Befürchtungen ihrerseits beschwichtigen, die sie vielleicht bei seinen Verführungsversuchen überkommen könnten. Er muß die Frau so nach allen Regeln der Kunst verführen und erregen, daß sie ihm freiwillig entgegenkommt und den großen Wunsch hat, mit ihm zu schlafen. Der einfache Vorgang der Penetration – der Penis wird in die Vagina eingeführt – kann für die Frau ausgesprochen angenehm sein, und das aus gutem Grund: Der nachfolgende Akt, ein auch für sie angenehmes rhythmisches Stoßen, stimuliert den Mann, damit er zu einem Samenerguß gelangt, das Ziel, das es zu erreichen gilt. Und es gelingt ihm für gewöhnlich auch. Das ist sein biologischer Imperativ. Wenn man Frauen bittet, von ihren aufregendsten sexuellen Erlebnissen zu berichten, beschreiben sie zumeist die lustvollen Empfindungen im Vorspiel. Fragt man sie weiter, ob sie denn auch zu einem Orgasmus gelangt seien, antwortet die eine Hälfte mit »ja«, die andere mit »nein«.

Nach einem Orgasmus verliert der Mann schnell das Interesse. Seine Arbeit ist, was die Biologie anbelangt, getan, und bedauerlicherweise verhalten sich viele Männer dementsprechend. Sie sind in der Lage, sich fortzudrehen und binnen der nächsten zehn Sekunden tief und fest zu schnarchen.

Daß das Einführen des männlichen Gliedes und die nachfolgenden Bewegungen der Frau Spaß machen, ist ganz natürlich. Niemals würde sie sich sonst auf das Abenteuer einlassen, sondern beim Anblick eines Mannes davonlaufen; wäre sie so geschaffen, daß sie den Orgasmus einfacher und schneller erreicht als der Mann, würde sie ihn wohl kaum weitermachen lassen, bis er den Höhepunkt erreicht hat – auf jeden Fall nicht in der unsentimentalen Welt der Natur. Für den Mann jedoch liegt ein schneller Samenerguß in der Natur der Dinge.

Spuren dieses Verhaltens sind noch immer erkennbar. Frauen betonen oft die Bedeutung eines langen Vorspiels: Sie müssen erregt werden. Sie können sogar zu Beginn einen ausgesprochenen Widerwillen verspüren, um dann später, wenn die Sache ihren Lauf nimmt, großen Spaß daran zu haben, falls sie ausreichend stimuliert worden sind.

Für eine Befruchtung werden also lediglich eine empfängnisbereite Frau und ein schneller Samenerguß des Mannes benötigt. Es bräuchte für eine Schwangerschaft keinerlei weiblichen Orgasmus zu geben. In früheren Zeiten, als es noch keine Verhütungsmittel gab und Sex als Pflicht der Ehefrau angesehen wurde, konnte eine Frau zehn, zwölf oder vierzehn Kinder zur Welt bringen, ohne jemals einen Orgasmus erlebt zu haben.

Heute aber können wir uns der Sexualität als eines gesunden, rundherum angenehmen Vergnügens erfreuen, das nicht nur der Fortpflanzung, sondern auch dem Lustgewinn dient. Ein schneller männlicher Samenerguß mag dem rein biologischen Zweck überaus dienlich sein, aber wenn wir

die Sexualität über dieses Niveau hinausgehoben haben und uns ihr um des bloßen Vergnügens willen hingeben, wird der vorzeitige Samenerguß zu einem frustierenden und demoralisierenden Problem. Und auch die Frau hat viel mehr Freude am Sex, wenn sie es gelernt hat, einen Orgasmus zu haben.

Die weiblichen Sexualorgane

Auch wenn es in manchen Kreisen unpopulär ist, werden wir uns im folgenden mit der Tatsache beschäftigen, daß Männer und Frauen unterschiedlich sind. Stellen Sie sich einmal einen Mann und eine Frau vor, die nebeneinander stehen, ziehen Sie ihnen die Kleider aus und betrachten beide genau. Unterschiede? Ja! Ihre sexuelle »Ausstattung« ist für unterschiedliche biologische Zwecke konzipiert. Der Mann besitzt ein schlauchförmiges, länglich herunterbaumelndes »Etwas«, den Penis, der sich versteifen und um ein Vielfaches vergrößern kann, während bei der Frau eine sich nach innen fortsetzende Öffnung sichtbar wird – die Vagina, die den Penis aufnehmen kann. Diese sehr unterschiedlich aussehenden Organe haben sich aus derselben Anlage entwickelt. Während der embryonalen Entwicklung im Mutterleib kann erst ab einem bestimmten Zeitpunkt zwischen männlichen oder weiblichen Geschlechtsorganen unterschieden werden. Ob aus dem Embryo ein Junge oder ein Mädchen wird, entscheidet sich jedoch bereits im Augenblick der Befruchtung, wenn Samen- und Eizelle miteinander verschmelzen. Allerdings lassen sich weibliche und männliche Embryonen in ihrem frühen Entwicklungsstadium nicht voneinander unterscheiden. Später produziert jedoch der männliche Embryo Hormone, und die männlichen Geschlechtsteile bilden sich heraus. Da männliche und weibliche Sexualorgane in ihrer Anlage gleich sind, kann man sie miteinander vergleichen. Und hier liegt der Schlüssel zum Verständnis des weiblichen Orgasmus. Damit dieser Schlüssel auch benutzt werden kann, ist es aber unerläßlich, wenigstens in groben Zügen zu wissen, wie der weibliche Körper aussieht und reagiert. Das heißt jedoch nicht, daß Sie jetzt gezwungen werden sollen, detaillierte wissenschaftliche Studien über die weiblichen Sexualorgane zu betreiben und deren unaussprechlichen Fachbezeichnungen zu lernen. Anatomie ist sicher nicht jedermanns Sache, und es reicht aus, wenn Sie einigermaßen Bescheid wissen, es sei denn, Sie beabsichtigen, Frauenarzt zu werden. Keine Frau möchte so genau inspiziert werden, und selbst heutzutage haben Frauen noch gewisse Hemmungen – Briefe an den »Kummerkasten« vieler Illustrierten legen hiervon Zeugnis ab. Sie machen sich beispielsweise Sorgen darüber, daß sie große rote Wülste im Genitalbereich haben, die auf einer delikaten Abbildung der weiblichen Sexualorgane nicht zu sehen waren. Oder sie glauben, daß ihre Schamlippen wie aus der Façon geratene Gardinen herabhängen statt ordentlich angeordnet zu sein wie auf der bereits erwähnten Abbildung. Obwohl es wünschenswert und auch wichtig ist, daß Frauen sich selbst untersuchen, weil dies auch der Gesundheitsvorsorge dient, so führt dies allerdings manchmal zu Irritationen. Informationen sind für jeden zugänglich, und Frauen können genügend Bilder und Abbildungen finden, auf denen dargestellt wird, wie sie »unten herum« aussehen. Es ist nur so, daß diese Abbildungen oft bloß allgemeine Standards und geschönte Versionen präsentieren, um vor allem bei Männern stärkeren Anklang zu finden. Nach dem Studium dieser idealisierten Abbildungen greift die Frau dann neugierig zum Spiegel und entdeckt mit sinkendem Mut und Selbstvertrauen etwas, das eher an eine fleischige Seeanemone erinnert, an ein wirres Geflecht krauser Einzelteile.

Aber genauso sehen weibliche Geschlechtsorgane aus. Und es gibt in bezug auf die Größe, die Farbe und die Proportionen genauso viele Unterschiede wie es Frauen gibt. Trotzdem kann es nicht schaden, mehr über diesen Bereich zu wissen. Aufrecht stehend sollte die Frau eine Hand auf ihren Bauch legen, so daß die Finger nach unten weisen. Wenn sie nun die Hand über die Schamhaare nach unten und zwischen die Oberschenkel gleiten läßt, kann sie zwei fleischige Wülste erfühlen, die parallel verlaufen und mehr oder weniger in der Mitte zusammenlaufen. Man nennt sie die Labia Majora oder die äußeren Schamlippen, sie werden in Aufklärungsbüchern graphisch als ovale Linien mit einem Strich in der Mitte dargestellt. Sie umschließen die Labia Minora oder die inneren Schamlippen, die allerdings bei manchen Frauen gar nicht so klein zu sein brauchen. Wenn der Mann den Körper der Frau besser kennenlernen will, kann er einfach an der Übung teilnehmen. Am besten ist es, Sie stellen sich hinter Ihre Frau und lassen Ihre Hand am Körper Ihrer Frau herunterwandern.

Wenn Sie nun die Schamlippen mit den Fingern vorsichtig teilen und dabei sanften Druck ausüben, wird ihr Finger in die Vaginalöffnung gleiten. Auf dem Weg dahin treffen Sie auf einen kleinen, sehr beweglichen und bedeutsamen Höcker – die Klitoris. Am Rande sei erwähnt – eigentlich sollte dies eine absolute Selbstverständlichkeit sein –, daß Sie natürlich sowohl den richtigen Zeitpunkt als auch den richtigen Ort wählen sollten, um die Vagina zu erkunden. Sollte eine solche Idee über Sie kommen, während Sie gerade an einer Bushaltestelle warten, so empfiehlt es sich, die Untersuchung zu verschieben, bis Sie zu Hause angekommen sind.

Die Klitoris

Von der Anatomie her läßt sich die Klitoris mit dem Penis vergleichen. Sie entspricht demselben anatomischen Muster, verfügt über ebenso viele Nerven und besitzt denselben Grad an Empfindlichkeit. Sie hat eine Art Hülle, die wie die Vorhaut bis zu einem gewissen Grad zurückgezogen werden kann. Darunter liegt die Urethera, die Harnröhre, durch die der Urin von der Blase aus fließt. Die Harnröhre des Mannes ist weitaus länger, sie erstreckt sich über die ganze Länge des Penis. Bei sexueller Erregung verstärkt sich der Blutandrang in der Klitoris, sie füllt sich mit Blut und schwillt leicht an. Bei Männern läßt der Blutandrang in den Genitalien den Penis hart werden und erigieren.

Die Stimulation der Klitoris kann zu einem Orgasmus führen, einem schnellen Zusammenziehen von Vagina, Klitoris und den benachbarten Organen. Bei so gut wie allen Frauen muß die Klitoris mehr oder weniger direkt stimuliert werden, damit sie einen Orgasmus erlangt. Die Frauen scheinen ihre Orgasmusfähigkeit der Tatsache zu verdanken, daß ihre Genitalien denselben Ursprung haben wie die männlichen. Rein biologisch gesehen, ist der Orgasmus vollkommen überflüssig, aber wir wollen ja die biologische Ebene ganz hinter uns lassen. Also: Wenn wir Sex um des bloßen Vergnügens willen praktizieren wollen, dann sollten wir diesen willkommenen Nebeneffekt voll ausschöpfen. Lassen Sie vor allem nicht außer acht, daß die weibliche

Orgasmusfähigkeit oft wesentlich größer ist als die des Mannes.

Gelegentlich wird harsche Kritik laut, wenn man eine solche Beschreibung der menschlichen Sexualität und des weiblichen Orgasmus gibt. Die Klitoris als »Miniaturausgabe« des Penis darzustellen, so wird oft eingeworfen, bedeute, die Frauen zu erniedrigen und degradieren, weil auf diese Weise suggeriert wird, daß Männer über die »perfekte Ausstattung« verfügten, Frauen dagegen nur eine Variante besäßen, zudem auch noch eine schlechtere. Nichts davon. Derselben Logik folgend, könnte man auch den männlichen Penis als grotesken Auswuchs bezeichnen. Von der Embryonalentwicklung her betrachtet, handelt es sich bei der weiblichen Anatomie um die grundlegendere, und die männliche stellt eine Abwandlung unter hormonellen Einflüssen dar. Investiert man nur genug in hormonale Forschungen, dann lassen sich gewaltige Kürbisse oder monströse Karotten züchten, die dann auch noch den ersten Preis bei Zuchtwettbewerben erhalten.

Der berühmte Psychoanalytiker Sigmund Freud hat sich sehr intensiv mit diesem Thema auseinandergesetzt. Er kam zu dem irrigen Schluß, daß Frauen unter einer Art »Penis-Neid« leiden müßten: In dem Augenblick, in dem ein Mädchen das Glied des Mannes erblickt, würde ihm unweigerlich klar werden, daß es auf irgendeine Art und Weise unterlegen sei. Freud konstatierte ferner, daß die Sexualität junger Mädchen im wesentlichen klitoralen Charakter habe, die der reifen Frau hingegen vaginal bestimmt sei. Das würde bedeuten, daß es zwei Arten des weiblichen Orgasmus gäbe: den unreifen klitoralen und den vaginalen Orgasmus, den nur reife Frauen erlangen könnten. Es soll tatsächlich einige wenige Frauen geben, die alleine durch vaginale Stimulation zum Orgasmus gelangen, und es scheint in der Vagina auch eine besonders empfindliche Stelle zu geben; aber fast alle Frauen brauchen die klitorale Stimulation, um den Höhepunkt zu erreichen.

Während des einfachen, nur auf das Ziel hin orientierten Geschlechtsverkehrs wird die Klitoris fast überhaupt nicht stimuliert, und nur wenige Frauen können auf diese Art einen Orgasmus erreichen.

Auf jeden Fall haben Theorien wie die Freuds dazu beigetragen, daß Millionen amerikanischer Frauen voller Panik einen Psychologen aufsuchten, da sie immer noch die Stimulation der Klitoris benötigten, um einen Orgasmus zu haben. Die Unterscheidung ist unsinnig. Ein Orgasmus ist ein Orgasmus, egal wie er erzeugt wurde. Verschiedene

Methoden auszuprobieren, um soweit zu kommen, ist jedenfalls ein Ziel, das lohnt.

Selbstbefriedigung

Männer lernen im Laufe ihrer sexuellen Entwicklung recht schnell, wie sie sich selber stimulieren können, um den Höhepunkt zu erreichen, und auch Frauen sollten sich der Methode der Selbstbefriedigung bedienen, um einen Orgasmus zu erleben.

Der Gedanke an Selbstbefriedigung oder Masturbation hat in der Vergangenheit überaus heftige Reaktionen hervorgerufen. Ehrenwerte Vertreter unserer Gesellschaft – Kleriker, Ärzte und Lehrer – haben die unvermeidlichen Folgen dieser sündhaftesten Form der Triebbefriedigung ausführlich beschrieben. Falls der einzelne diese angeblich verabscheuungswürdige Praxis ausübe, so wurden nicht nur ernsthaft moralische und körperliche Degeneration als Konsequenzen erwartet, sondern noch schlimmer wog die Tatsache, daß dem zu einem blinden, zittrigen Wrack verkümmerten »Menschlein« das ewige Fegefeuer gewiß war. Und das war nur ein Teil der Folgen. Man kann immer noch alte Psychiatrie-Lehrbücher finden, in denen allen Ernstes Schwachsinn als Folge von Masturbation Erwähnung findet. Bis zu einem gewissen Grade haben sich diese Vorurteile bis heute gehalten, und man kann immer noch den einen oder anderen Jungen finden, der tief unglücklich und beschämt ist, weil er seinem Trieb nachgegeben hat.

Unter Jungen ist diese Form sexueller Befriedigung so weit verbreitet, daß man sie als normal und natürlich ansehen muß. Tatsächlich handelt es sich um eine für den jungen Mann harmlose und wohltuende Triebbefriedigung, wenn sich sonst keine Möglichkeiten bieten. Die sexuelle Spannung kann äußerst stark und, wenn sie nicht abreagiert wird, sogar schmerzhaft werden: Masturbation führt zur Erleichterung, und die jungen Männer können sich wieder für einige Zeit auf andere Dinge konzentrieren. Jugendliche sind äußerst vital und potent, sie werden durch eine außerordentliche Vielfalt von Stimuli erregt und haben oft – zu ihrem eigenen Unbehagen – im unpassendsten Moment eine Erektion. Der Ejakulation, dem Moment, in dem der Samen austritt, folgt eine Abnahme der sexuellen Spannung. Oft passiert dies auf ganz natürlichem Weg während des Schlafes.

Junge Männer können diese Vorgänge nicht steuern. Sie gehören einfach zu ihrer Sexualität, etwas, was sie verbindet – sie wissen, daß es den anderen auch so geht, und in bezug auf dieses Thema haben sie eine gemeinsame unreife Sprache entwickelt. Beherztere Jugendliche demonstrieren diese Techniken, so daß die Jüngeren mit den praktischen Details vertraut gemacht werden. Die Jugendlichen empfinden sich als eine Art »Geheimgesellschaft«, von der die Erwachsenen keine Ahnung haben – eine Haltung, die kluge Eltern sich auch am besten zu eigen machen. Der Samenerguß wird von einem überaus angenehmen und befreienden Gefühl begleitet, dem Orgasmus. Sexuell heranreifende junge Männer empfinden einen regelrechten Zwang zur Ejakulation.

Junge Frauen hingegen erleben ihr sexuelles Erwachen weitaus weniger intensiv, und ihre sexuelle Erregung dient zunächst nur der körperlichen Bereitschaft zu empfangen. Aber auch sie sind fähig, einen Orgasmus zu haben, auch wenn dieser natürlich nicht von einer Ejakulation begleitet wird. Ausgelöst wird er in der Klitoris. Die Fähigkeit, den aufregenden Höhepunkt, der als rhythmisches Zusammenziehen des gesamten Genitalbereiches erlebt wird, zu erreichen, wird häufig eher zufällig entdeckt – gewöhnlich versuchen junge Frauen nicht, dies zu erlernen, und wenn dann gewöhnlich später mit dem Partner zusammen. Sie betrachten sie als eine äußerst private und intime Angelegenheit, die häufig nicht bewußt als Orgasmus erlebt wird.

Die Mädchen stellen fest, daß beispielsweise ein rhythmisches Streicheln des Genitalbereiches eine angenehme Welle von Gefühlen zur Folge hat. Auch wenn man im allgemeinen annimmt, daß Frauen einander ihre sexuellen Geheimnisse anvertrauen, so gehört dieses in der Regel nicht dazu. Sogar sehr bewußte Frauen vermeiden dieses Thema oder haben zumindest Hemmungen, darüber zu sprechen. Dabei wäre dies die beste Möglichkeit für eine Frau, etwas über den weiblichen Orgasmus zu erfahren. Männer erlangen einen Orgasmus während des normalen Geschlechtsverkehrs. Die regelmäßige Auf- und Abbewegung des Penis in der Vagina stellt die beste Stimulierung dar, und die Masturbation unterscheidet sich bei Männern nicht besonders davon. Indem der Penis mit der Hand umschlossen wird, wird sozusagen der Geschlechtsverkehr simuliert.

Wenn sich jedoch eine Frau selbst befriedigt, so wird sie in der Regel nicht versuchen, das Auf und Ab des Penis in der Vagina nachzuahmen. Was auch immer Männer sich vorstellen mögen, Frauen benutzen keinen Penis-Ersatz. (Natürlich können sie darauf zurückgreifen, da die Einführung des Penis ja auch sehr stimulierend sein kann.) Die verbreitetste Technik ist die direkte Stimulierung der Klitoris, und Frauen, die dieses erprobt haben, wissen genau, wie sie Jahre –, als sie gelernt hatte, einen Orgasmus zu erlangen, im Grunde genommen noch zu jung, um zu wissen, was sie tat, außer daß es sehr angenehm war, denn sie hatte noch nie davon gehört, und auch später hatte nie wieder jemand mit ihr darüber gesprochen, zumindest nicht vor ihrem vierzigsten Lebensjahr. In ihrer frühen Jugend hatte sie erlebt, daß sie ein sehr aufregendes und angenehmes Gefühl erzeugten konnte, welches vom Unterleib her den Kör-

berührt werden wollen – welche Bewegung wie oft ausgeübt werden muß und so weiter. Manche Frauen verfügen über so viel Erfahrung, daß sie innerhalb einiger weniger Sekunden zu einem Orgasmus gelangen können.

Diese Art der manuellen Stimulation kann auch während des Geschlechtsverkehrs praktiziert werden, wenn die Stellung es erlaubt und die Frau ihren Wünschen Ausdruck zu verleihen vermag – dieser Grad an Intimität wird im allgemeinen erst in einem späteren Stadium der Beziehung erreicht. Es gibt in der Anfangsphase, in der beide einander noch zu entdecken suchen, immer eine gewisse Zurückhaltung und Scheu. Manchmal kann die spezielle Masturbationstechnik, die eine junge Frau sich angeeignet hat, nicht mehr verändert werden. So zum Beispiel im Fall einer sehr versierten Prostituierten, die mit ihrem ständigen Partner ein überaus zufriedenstellendes Sexualleben führte. Sie war noch sehr jung – ungefähr dreizehn oder vierzehn per überflutete und dann langsam verebbte, wenn sie ein Kissen zwischen ihre Beine nahm und sich dann heftig hin- und herbewegte. Sie erinnerte sich, daß sie damals mit irgendeiner Krankheit eine Woche lang das Bett hüten mußte. Als es ihr wieder besser ging und sie sich zu langweilen begann, entdeckte sie die Sache mit dem Kissen. Es muß dabei sehr turbulent zugegangen sein, denn einmal stürzte ihre Mutter, die der Krach des hin- und herschwankenden Bettes beunruhigt hatte, in ihr Zimmer, und mit Schrecken sah sie, wie sich ihre Tochter im Bett hin- und herwälzte. Sie befürchtete, daß das Kind Krämpfe habe. Der eilig herbeigerufene Arzt entschied, daß sie zur Beobachtung eine weitere Woche das Bett hüten solle. Das Ergebnis waren eine besorgte Mutter, ein ratloser Arzt und ein ziemlich irritiertes Kind, das das Theater mitmachte, weil es keine zufriedenstellende Erklärung dafür finden konnte. Tief in ihrem Inneren hatte sie erkannt, daß besser niemand

von dem, was sie da machte, erfahren dürfte. Jedenfalls hat sie auf diese Art ihre ganz eigene Methode zur Erlangung eines Orgasmus entwickelt. Es war jedoch keine Methode, die sie während des Beischlafes auch mit ihrem Partner hätte praktizieren können. Obwohl sie mit ihm nie einen Orgasmus hatte, behauptete sie interessanterweise, daß es ihr trotzdem viel Spaß gemacht habe und sie nie frustriert gewesen sei. Miteinander zu schlafen befriedigt ganz andere Bedürfnisse – Nähe, Liebe, Zärtlichkeit und Geborgen-

mentieren, die insbesondere die Klitoris stimulieren. Wenn eine Frau es einmal gelernt hat, einen Orgasmus zu haben, so bringt dies eine ganz neue Dimension in das intime Zusammensein.

Miteinander schlafen

Jedes Paar, das bereits seit geraumer Zeit zusammen ist, weiß, daß die Intimität und Intensität des sexuellen Zusam-

menseins über die Jahre hinweg eine andere Qualität bekommt.

Wenn Sie die Anfangsphase wilder Leidenschaft bereits hinter sich gelassen haben, kann es einen interessanten Versuch wert sein, zurückzudenken und sich zu erinnern, wie es damals war. Wenn sich zwei ineinander verlieben, dann legen sie während dieser stürmischen Zeit wenig Wert auf ein ausgedehntes Vorspiel oder ausgefeilte Techniken. Die Finger voneinander zu lassen, ist oftmals das größere Problem. Dennoch haben auch frisch Verliebte einige Schwierigkeiten zu meistern. So kann es in den ersten Momenten angeregten Pettings durchaus Schwierigkeiten bereiten, sich durch die Kleidung der Frau hindurchzufinden. Natürlich wissen wir alle, wie so etwas in Liebesromanen beschrieben wird: »Ein sanfter Ruck seiner Finger genügte, und ihr BH glitt langsam zu Boden...«, oder etwas deftiger: »Er riß ihre Seidenbluse vom Kragen bis zum Nabel auf und legte ihre großen, festen Brüste frei.« Aber die Realität sieht oft anders aus. Um ihre großen, kleinen oder mittelgroßen Brüste freizulegen, muß er bisweilen hartnäckig im Rücken

heit –, und das war für sie genauso wichtig. Sie selber hatte nicht das Gefühl, »Probleme« in ihrem Sexualleben zu haben, und hätte es als unverschämt empfunden, wenn jemand so etwas angedeutet hätte. Vielleicht erklärt sich ihre Zufriedenheit dadurch, daß sie während des Beischlafes gar nicht mit einem Orgasmus rechnete und deswegen auch nicht enttäuscht werden konnte.

Die meisten Paare finden es jedoch befriedigender, wenn auch die Frau beim Geschlechtsverkehr einen Orgasmus hat. Sie werden also mit Techniken und Stellungen experi-

mit einem BH kämpfen, der vorne geöffnet wird. Da aber der junge Mann hingebungsvoll ihren Mund mit Küssen bedeckt, wird er es für äußerst unpassend halten, abrupt damit aufzuhören, um sie zu fragen, wie das »verdammte Ding« denn nun eigentlich aufgehe. Währenddessen fragt sie sich, ob er von selber darauf kommt, wie ihr BH aufgeht, oder ob sie ihm vielleicht doch besser helfen sollte, und falls ja, welches der beste Augenblick sei. Auch mit der Hand in ihren Slip zu finden, ist noch lange nicht so einfach, wie es manchmal den Anschein hat, selbst wenn die Frau klargestellt hat, daß ihr ein solches Vorgehen durchaus angenehm ist. Sich den Weg in die Dessous einer Frau zu bahnen, ist eine Kunst für sich. Meist muß man sie von oben in Angriff nehmen, was den Ellbogen äußerst sperrig werden läßt. Und dann tragen manche Frauen ausgesprochen enge Slips. Zudem ist es unwahrscheinlich, daß eine Frau sagt: »Ich möchte, daß Du mit Deinen Fingern in meinen Slip greifst, zuerst werde ich aber den engen Strumpfhalter ablegen.« Diese Geheimnisse einer Frau zu entdecken, kann für Teens eine neue Erfahrung sein, aber im allgemeinen erspart eine direktere Annäherung einiges Herumgefummel und ist der Erotik dienlicher. Wenn Sie Ihrer Partnerin sagen, daß sie wunderschön und äußerst aufreizend ist, und daß Sie gerne ihren Körper erkunden wollen, wird es ihr möglich, Ihnen bei Ihren Versuchen zu helfen. Diese direkte Vorgehensweise funktioniert am besten bei reiferen Frauen, die wissen, was sie wollen. Andere, jüngere oder weniger selbstbewußte Frauen, wollen, auch wenn sie die Sache genießen und auf weitere Zärtlichkeiten hoffen, den Eindruck vermitteln, daß sie überrumpelt worden sind.

Aber das alles ist ein Kinderspiel verglichen mit den Entfesselungs- und Entkleidungskünsten, die Männer vor noch gar nicht allzu langer Zeit aufbieten mußten, als weibliche Dessous noch wahre Panzer waren. Viele Männer können sich sicher noch an diese furchtbaren BHs aus dicker, steifer Baumwolle erinnern, jedes Körbchen mit konzentrisch angeordneten, gestickten Kreisen, die gefährlich spitz zusammenliefen. Wenn man an ihm zog, gingen die Körbchen nach innen und man mußte sie wieder herausdrücken. Diese komischen Dinger hatten einen doppelreihigen Metallverschluß. Den Verschluß mit den Fingern einer Hand zu öffnen, ist eine aussterbende Kunst. Manche werden sich noch an die besonders engen, dehnbaren Hüfthalter erinnern, die Frauen damals tragen mußten. Es scheint, als wäre die Sexualmoral unserer Gesellschaft und damit auch die Einstellung dem Körper gegenüber liberaler geworden, so daß Frauen sich nicht länger zu verbarrikadieren brauchen. Früher haben all diese Korsetts und Hüfthalter das Ganze so lange hinausgezögert, daß man tatsächlich erst zur »Sache« kommen konnte, nachdem eine Festung erobert worden war.

Küssen

Beim Küssen handelt es sich um ein wichtiges frühes Stadium, das wahrscheinlich für Frauen eine viel größere Rolle spielt als für Männer, die auf das Vorspiel gern verzichten, wenn alles übrige soweit geregelt ist. Als verlängertes Vorspiel stellt das Küssen eine einzigartige menschliche Verhaltensweise dar. Vielleicht hat es damit zu tun, daß wir die einzige Spezies sind, die beim Beischlaf einander zugewandt ist.

Mund und Zunge sind äußerst erogene Zonen, und der Kuß kann zu einem sehr intimen Akt werden. Menschen, die nicht im Traum daran denken, die Zahnbürste eines anderen zu benutzen, erkunden das Innere eines fremden Mundes mit ihrer Zunge. Wir ekeln uns vor Keimen an einer unsauberen Tasse, vermengen aber beim Küssen unseren Speichel. Für Frauen gehört das Küssen einfach zur Liebe. Es stellt einen notwendigen Auftakt zu weiteren sexuellen Aktivitäten dar, seien Sie also darauf gefaßt, geraume Zeit damit zu verbringen, Ihre Partnerin auf diese Art zu erregen. Der richtige Einsatz von Mund und Zunge kann sogar den Sexualakt symbolisieren. Die Art, wie Sie Ihre Zunge in den Mund Ihrer Partnerin »hineinpraktizieren«, macht Ihre Wünsche unmißverständlich deutlich. Nasse Küsse können besonders sexy sein, aber beschränken Sie das auf den Mund. Gesicht und Nacken mit sanften Küssen zu bedecken, ist wunderbar, allerdings sollten Sie es vermeiden, Ihre Partnerin dabei wie ein Labrador abzulecken. Sie wird sich sonst naß, kalt und unbehaglich fühlen; wenn sie Sie mag, wird sie nicht sofort den Speichel mit der Hand vom Gesicht wischen, sondern mit einem sanften Seufzer ihr Gesicht leicht an Ihrer Schulter reiben, als wolle sie sich an Ihr Tweed-Jackett kuscheln. Wie eine Frau auf Küsse reagiert, zeigt deutlich, ob sie mehr will. Auf diese Art und Weise können Frauen ihre Absichten, Interessen und Wünsche offenbaren. Die Reaktion einer Frau auf den obligatorischen Gute-Nacht-Kuß sagt alles. Scheinbarer Widerstand ist bei Frauen so eine Sache, aber wenn sie dabei steif dastehen und die Nase rümpfen, so ist das eindeutig. Wenn sie dann auch noch im letzten Augenblick den Kopf abwenden, so daß der Kuß nur auf der Wange landet, vergessen

Sie es und verpassen Sie nicht den letzten Bus nach Hause. Sie wird Sie mit Sicherheit nicht einladen, über Nacht zu bleiben, und Ihr Heimweg könnte lang werden. Auch wenn die Frau freundlich, aber passiv bleibt, sich aber immer als erste abwendet, können Sie sicher sein, daß es sich hier nicht um Schüchternheit handelt, auch wenn Sie es vielleicht gerne so interpretieren würden.

Wenn sie jedoch einen leidenschaftlichen Kuß mit der gleichen oder größerer Intensität erwidert, dann signalisiert sie Ihnen ihre Bereitschaft.

Brust und Brustwarzen

Die Brust einer Frau wirkt auf den Mann sehr erregend; das ist eine Tatsache, die von der Werbung auf bisweilen geradezu groteske Weise ausgeschlachtet wird. So wird selbst für Doppelfenster mit einem Paar überdimensionaler Brüste geworben.

Diese Darstellungen können Frauen suggerieren, Männer würden nur solche Brüste mögen. Ein Blick auf den eigenen Busen erzeugt Gefühle der Minderwertigkeit und veranlaßt manchmal zu verzweifelten Gegenmaßnahmen, etwa Silikonspritzen.

Ein Mann sollte seiner Frau immer wieder bestätigen, daß sie anziehend und attraktiv ist. Würde man tausend Frauen nackt nebeneinanderstellen, so sähe man tausend verschiedene Brüste, Brüste, die sich in ihrer Größe, Form, Festigkeit, Rundung, Farbe und auch Größe der Brustwarzen unterscheiden. Der Busen von Pin-Up Girls hat nichts mit sexueller Befriedigung zu tun. Wenn ihre Partnerin sich wegen ihrer kleinen Brust Gedanken macht, stärken Sie ihr Selbstvertrauen.

Die Brustwarzen sind äußerst empfindlich und eine gekonnte Stimulierung kann überaus sinnlich sein. Sanftes Streicheln und Saugen ist erotisch, aber Vorsicht: Nehmen Sie niemals eine Brustwarze zwischen Ihre Finger, um diese energisch hin- und herzudrehen, als hätten Sie ein Kugellager vor sich. So etwas treibt jeder Frau Tränen in die Augen. Die Brustwarze in den Mund zu nehmen und sanft daran zu saugen, kann eine Frau nachhaltig erregen; die beste Möglichkeit herauszufinden, ob es ihr gefällt, besteht darin, sie zu fragen.

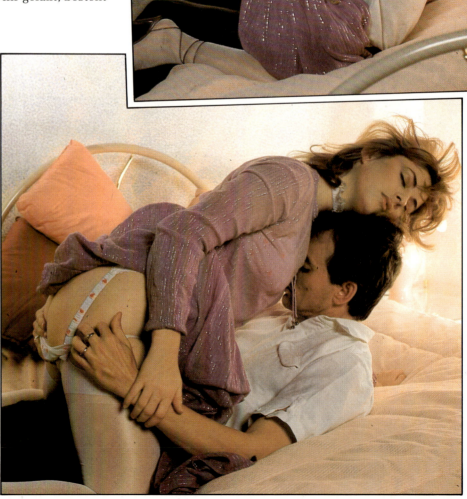

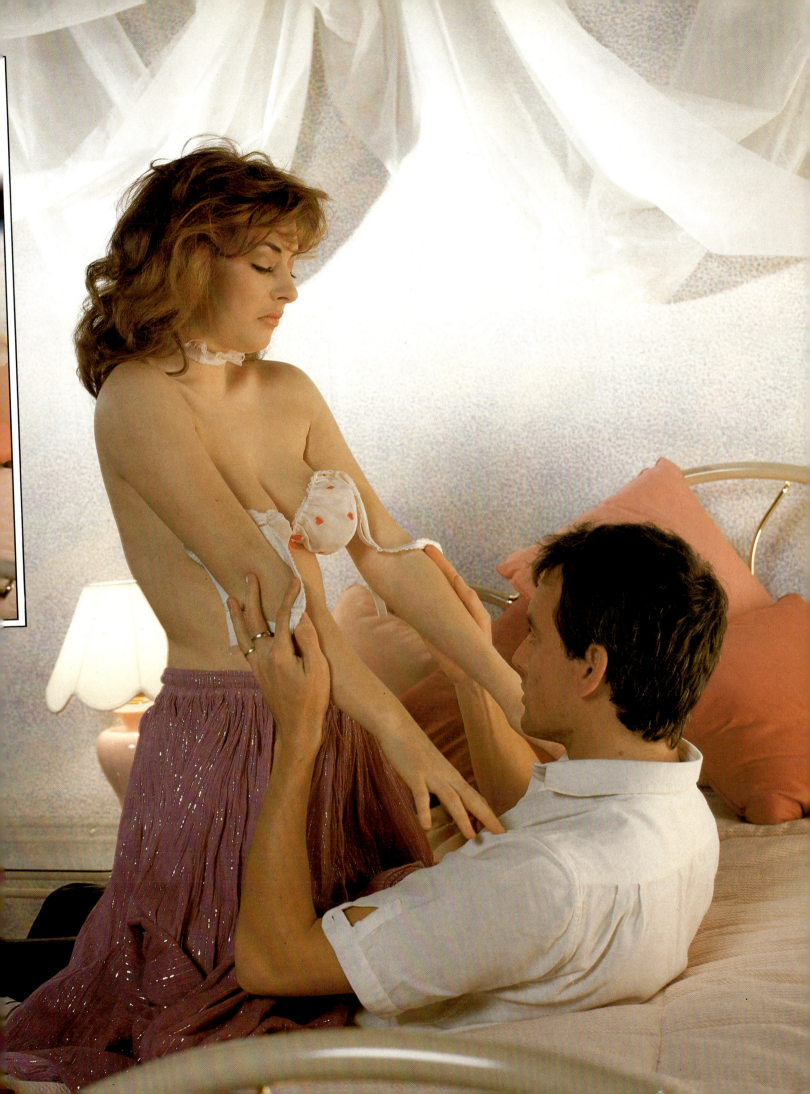

Die Ohren

Sanftes Knabbern und Beißen an den Ohrläppchen und im Nacken kann sehr sexy sein, aber es ist nicht ratsam, Ihre Zunge so weit wie möglich in den Gehörgang Ihrer Partnerin zu stecken, es sei denn, Sie haben sich vorher vergewissert, daß es ihr gefällt. Andernfalls wird sich Ihre Partnerin angesichts solcher Annäherung unwohl fühlen, und ihr Zukken und leises Stöhnen sind kein Zeichen sexueller Erregung, sondern der heimlichen Versuche, ihr kaltes und nasses Ohr an der Schulter trockenzureiben.

Klitoris und Vagina

Zur Stimulation von Klitoris und Vagina sind die Finger am geeignetsten. Wenn Sie Ihre Finger sanft in die seidenen Höschen gleiten lassen, so erregt dies jede Frau. Indem Sie Ihre Hand langsam zwischen ihren Beinen auf- und abbewegen, können Sie beginnen, die äußeren Schamlippen zu massieren. Die Handfläche kann dabei gegen die Klitoris gedrückt werden und eine langsame, kreisförmige Bewegung ausführen. Das sichtbarste und auch zuverlässigste Anzeichen sexueller Erregung ist das Feuchtwerden der Vagina. Dabei handelt es sich um eine natürliche Reaktion, die das Eindringen des Penis erleichtert. Anders als jede andere Reaktion – Keuchen und Stöhnen – kann dies nicht vorgetäuscht werden. Wenn die Scheide feucht wird, tun Sie mit Sicherheit das Richtige. Sie können es fühlen, wenn Sie einen Finger in die Scheide gleiten lassen. Dann können Sie durch behutsames Vor und Zurück des Fingers die Stimulation erhöhen, denn das Eindringen des männlichen Gliedes in die Vagina und die nachfolgende Auf- und Abbewegung sind ja auch angenehm. Wenn die Vagina feucht und schlüpfrig ist, kann dieses Vorspiel als Appetitanreger dienen. Vor allem zu Beginn wird der Mann viel Zeit darauf verwenden, wenn er die Frau für sich gewinnen will. Später verzichten leider viele Männer auf ein ausgedehntes Vorspiel.

Wahrscheinlich sind solche Liebesspiele zu Beginn einer Beziehung notwendig, um die Frau zu animieren. Nachdem einmal das eheliche Recht des Gatten etabliert worden ist, wird es abgekürzt oder ganz ausgelassen. Dabei würde es sich lohnen! Eine Frau zu erregen, kann auch auf den Mann besonders stimulierend wirken. Mit einer Partnerin zu schlafen, die sehr erregt und begierig darauf ist, daß der

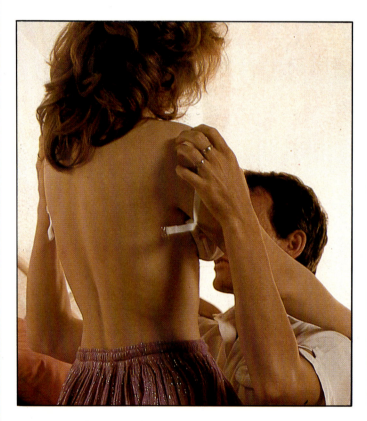 

Mann in sie eindringt, ist unbeschreiblich viel aufregender.

Die Stimulation der Klitoris steigert die sexuelle Erregung. Die durchsichtige rosa Haut, die sichtbar wird, wenn man den Klitorishöcker vorsichtig zurückschiebt, ist überaus empfindlich, genau wie die Eichel, wenn die Vorhaut zurückgezogen wird. Wenn man geschickt zu Werke geht, kann das Berühren der Eichel sehr lustvoll sein, aber jeder Mann weiß, daß grober, unvorsichtiger Druck regelrecht schmerzhaft ist.

Dasselbe trifft auch auf die Klitoris zu. Sie kann ungeheuer erregbar sein, aber es muß behutsam geschehen. Ihre Partnerin kann Ihnen sagen, wie Sie am besten vorgehen beziehungsweise was angenehm ist und welche Bewegungen erregend wirken. Sie braucht es nicht unbedingt mit vielen Worten zu sagen, sondern kann einfach Ihre Hand

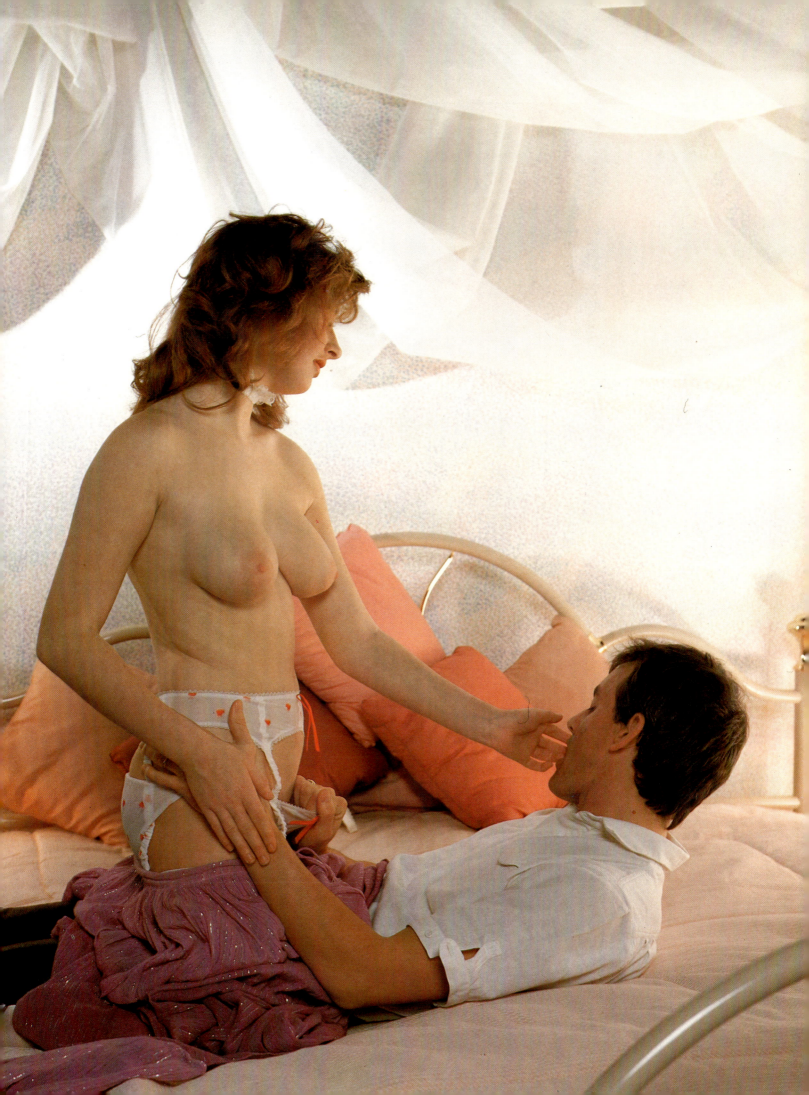

führen, indem sie ihre eigene darauf legt. Wenn sie entspannt ist und keine Scheu hat, kann Sie es Ihnen auch selber demonstrieren.

Auch wenn Sie wissen, daß Ihre Frau sich danach sehnt, daß Sie eindringen, können Sie ihre Erregung noch steigern, indem Sie mit dem Ende Ihres Penis die Vaginalöffnung stimulieren. Den Penis mit der Hand führend, können Sie ihn in langsamer kreisender Bewegung in den Eingang der Vagina dirigieren, ohne ganz einzudringen; viele Frauen finden dies besonders erregend, wenn auch leicht unbefriedigend, dafür ist dann die eigentliche Sache umso lustvoller.

Viele Leute haben vergessen, wie erotisch Augenkontakt sein kann, vom Anfang an bis hin zum intimsten Augenblick. Wenn Sie bereits tief in die Scheide eingedrungen sind und dann für einen kurzen Augenblick innehalten, um Ihre Partnerin nur anzusehen, so verleiht das diesem Augenblick noch mehr Gewicht. Dies ist nicht trivial: Sie können einander kaum näher kommen.

Der nachfolgende Akt des Beischlafs führt fast unweigerlich zum Samenerguß. Die Frau kann einen Orgasmus erlangen – oder auch nicht: Besonders in der ersten Zeit, wenn die sexuellen Reaktionen des Partners noch nicht bekannt sind und verschiedene Techniken ausprobiert werden, erreicht die Frau nicht immer ihren Höhepunkt.

Es gibt jedoch einige andere Aspekte des weiblichen Sexualverhaltens, die Männer zu diesem Zeitpunkt noch nicht verstehen können. Einen Mann zu haben, den sie liebt und mit dem sie schlafen will, ist für eine Frau eine aufregende, mit starken Emotionen verbundene Angelegenheit. Häufig werden die instinktiven Bedürfnisse in diesem Stadium unterschätzt oder gar nicht bemerkt.

Viele Frauen bringt der Wunsch, ein Kind zu empfangen, das Wissen also, daß der Samenerguß zur Befruchtung führen kann, dazu, im kritischen Moment auszurufen: »Ich möchte ein Kind von Dir.« Dabei könnte diese Frau ungeheuer wütend werden, wenn sie tatsächlich feststellte, daß sie schwanger geworden wäre. Das aber nur, wenn mit zunehmender Panik bei Tage im Kalender Verabredungen gestrichen werden.

In den Beratungsstellen geht man davon aus, daß vernünftige intelligente Frauen nicht schwanger werden wollen, wenn sie es sagen. Und das zu recht, denn die Frauen haben eine Entscheidung getroffen, die mit dem, was sie denken und fühlen, und was auch dem gesunden Menschenverstand entspricht, übereinstimmt. Aber manche dieser Frauen werden dennoch schwanger, weil sie während eines intensiven sexuellen Erlebnisses Instinkten ausgeliefert sind, von denen sie nichts wissen. Es irritiert einen jungen Mann, wenn seine Partnerin weint und ihn zur Hölle wünscht, weil ihre Periode bereits zwei Tage überfällig ist, wo sie sich doch noch ein Kind gewünscht hatte, als er kurz vor dem Orgasmus stand. Die praktische Konsequenz, die hieraus gezogen werden sollte, ist sich rechtzeitig – also vorher – über die Verhütung Gedanken zu machen.

Manchmal gerät ein junger Mann in ein Dilemma, wenn seine Partnerin flüstert, während sie miteinander schlafen: »Liebst Du mich?« In Wirklichkeit will sie nur wissen: »Bedeutet es Dir mehr als ein kurzes Vergnügen, das Du morgen vergessen hast?«, »Wirst Du bei mir bleiben?« oder »Was bedeute ich Dir überhaupt?«

Wenn er sich seiner Liebe sicher ist, ist das kein Problem. Ein Mann mit weniger Skrupeln antwortet vielleicht: »Natürlich liebe ich Dich.« Jemand, der sich nicht sicher ist, aber ehrlich sein will, braucht nicht mittendrin aufzuhören und über die Liebe, die Lust und das Leben im allgemeinen zu philosophieren. Einfach mit »Mhmm« zu antworten, reicht aus. Häufig gehören solche Fragen einfach nur dazu.

Manche Frauen fordern die Männer auf: »Sprich mit mir!«, wenn alles vorüber ist, aber genau danach steht dem Mann dann am wenigsten der Sinn. Frauen haben jedoch oft ein besonders starkes Verlangen nach Zärtlichkeit. Sie wollen in den Arm genommen und bestätigt werden. Man hört oft, daß Frauen sich benutzt fühlen, wenn er sich direkt danach abwendet und ihr den Rücken zudreht. Sie wollen das Gefühl haben, daß der Mann sich wirklich für sie interessiert und sie nicht allein um der sexuellen Befriedigung willen liebt. Die biologische Mitteilung lautet: »Du hast mir vielleicht ein Kind gemacht, also bleibe bei mir und kümmere Dich um uns.« Es kann auch passieren, daß eine Frau nach einer überaus aufregenden Liebesnacht in Tränen ausbricht, was ein junger Mann nur schwer zu verstehen vermag. Ein solches Verhalten scheint tatsächlich widersprüchlich zu sein, aber darin spiegeln sich sehr tiefe Gefühle wider – der Geschlechtsakt ist biologisch gesehen für die Frau nicht ohne Konsequenzen. Was geschehen ist, kann nicht mehr rückgängig gemacht werden, und vielleicht hat sie bereits vorher einige Vorbehalte gehabt, ohne diesen Zwiespalt emotional oder körperlich wahrgenommen zu haben.

Auch wenn Sie angesichts eines solchen Verhaltens verlegen oder gar nachhaltig irritiert sein sollten und ihre Gefühle nicht verstehen können, nehmen Sie Ihre Partnerin in den Arm und trösten Sie sie. Instinkte lassen sich nicht immer unterdrücken, auch wenn man sonst alles unter Kontrolle hat. Frauen können zwar sehr unterschiedlich reagieren, aber – und das läßt sich immer wieder feststellen – trotzdem scheinen Liebe und Zuwendung sowohl vor, während und vor allem nach dem Geschlechtsverkehr von grundlegender Bedeutung für sie zu sein. Daran sollte man denken und sich um Verständnis bemühen, auch wenn einem die Gefühle fremd sind.

Der weibliche Orgasmus oder: Wie gelangt man zum Höhepunkt?

Die verbreiteste Stellung während des Geschlechtsverkehrs ist vermutlich die von Angesicht zu Angesicht, bei der die Frau auf dem Rücken liegt und der Mann über ihr. Dies ermöglicht ein tiefes Eindringen des Penis, was als sehr lustvoll empfunden werden kann. Die Natur hat lediglich daran gedacht, das Interesse der Frau bis zur Befruchtung aufrecht zu erhalten, aber wir wollen in aller Regel mehr als das. Damit die Frau zum Höhepunkt gelangen kann, muß die Stellung etwas verändert werden, denn in dieser Position ist die Klitoris für weitere Stimulierung nur schwer zugänglich. Die Lage der Klitoris läßt sich verbessern, wenn Sie das Gesäß Ihrer Partnerin mit den Händen anheben. Vor allem aber werfen Sie sich nicht mit Ihrem ganzen Gewicht auf sie – eine sexuelle Stimulierung, die von der Angst zu ersticken begleitet wird, ist nicht jedermanns Sache. Es empfiehlt sich, ein Kissen unter ihre Hüften zu schieben, und wenn die Frau dann auch noch die Knie anzieht und die Schenkel öffnet, kann der Mann auch während des Aktes die Klitoris stimulieren. Versuchen Sie es doch statt des üblichen Auf und Ab einmal mit festen kreisenden Bewegungen – bleiben Sie aber weiterhin tief in ihr verankert. Manchmal genügt es auch, einfach in die Scheide der Frau einzudringen und innezuhalten, während die Frau den Rhythmus und die Geschwindigkeit bestimmt. Der Orgasmus während des Geschlechtsverkehrs ist der beste; das Gefühl, etwas zu umschließen, während sich die Vagina rhythmisch zusammenzieht, verleiht dem Ganzen eine zusätzliche Intensität.

Mit Blick auf das weibliche Lustempfinden empfiehlt sich die Stellung, bei der die Frau auf dem Mann sitzt. Männer reagieren hierauf sehr unterschiedlich. Manche Männer fühlen sich bedroht, weil sie das Gefühl haben, nun käme der Frau eine größere Bedeutung zu, und sie wäre die Fordernde. Vielleicht denken sie sogar, der Mann würde dadurch die traditionelle Frauenrolle übernehmen. Die meisten Männer finden diese Stellung jedoch sehr aufregend, und der Druck, immer der Aktivere sein zu müssen, entfällt. Alles, was der Mann machen muß, ist mit erigiertem Penis dazuliegen. Die Frau kann sich auch rittlings auf den Mann setzen. Auch diese Stellung ermöglicht ein tiefes Eindringen, gleichzeitig wird durch schaukelnde Bewegungen die Klitoris stimuliert. Der Mann bleibt am besten passiv. Wenn Sie versuchen würden, sich mit Ihrer Partnerin im Gleichtakt zu bewegen, können Sie allzu leicht ihre Versuche stören, aber das ist etwas, worüber beide reden sollten. Haben Sie keine Angst davor, Ihrer Partnerin Ihren Körper zu überlassen! Es kann überaus stimulierend wirken und gleichzeitig den Samenerguß hinauszögern – Männer brauchen im allgemeinen die stoßende Bewegung als Stimulus. Derselbe Effekt wird auch erreicht, wenn der Mann aufrecht auf einem Stuhl und seine Partnerin ihm zugewandt auf seinem Schoß sitzt, wobei ihre Beine seitlich herabhängen. Es kann sehr viel Spaß machen, unterschiedliche Positionen auszuprobieren, aber Sie brauchen sich nicht lächerlich zu machen. Wenn Sie alles glauben würden, was Sie darüber lesen, müßten Sie es als normal ansehen, den Geschlechtsverkehr durchzuführen, während Sie von einem Kronleuchter herabhängen! Man muß nicht unbedingt altmodisch oder verklemmt sein, wenn einem gewisse Stellungen aus Büchern unmöglich oder ganz einfach lächerlich vorkommen. Nicht jedem ist es gegeben, beide Beine hinter die Ohren zu führen. Es ist schwierig zu genießen, wenn man sich wie ein Idiot vorkommt.

Ein weiterer, ganz besonders wichtiger Aspekt des weiblichen Orgasmus ist eher psychologischer denn körperlicher Natur. Frauen sagen oft, daß sie zu Beginn des Geschlechtsverkehrs mehr oder weniger bewußt entscheiden können, ob sie zu einem Orgasmus gelangen wollen oder nicht. Manchmal fühlen sie sich einfach passiv und entscheiden sich für einen Geschlechtsverkehr ohne Orgasmus. In diesem Fall fühlen sie sich weder frustriert noch vernachlässigt. Viele Empfindungen können um ihrer selbst willen genossen werden, wie beispielsweise das Hö-

len, daß der Mann sich frustriert fühlt, täuschen einen Orgasmus vor, auch wenn es ihnen einfach so gefallen hat. Wenn ein solcher Präzedenzfall einmal geschaffen worden ist, wird es für eine Frau nahezu unmöglich, ihrem Mann mitzuteilen, daß sie tatsächlich nur in der Hälfte aller Fälle einen Orgasmus hat oder nur einmal in fünf Fällen; wie auch immer, sie hat Angst, daß er plötzlich das Gefühl hat, ihr ganzes Sexualleben sei auf einer Lüge aufgebaut, oder sie befürchtet, daß er sich als miserabler Liebhaber fühlt. Aber es ist eine Tatsache, daß Frauen nicht jedesmal einen Orgasmus haben. Wenn sie damit nicht zufrieden sind, kann das Paar unterschiedliche Stellungen ausprobieren; aber die Mehrheit der Frauen scheint sich nicht daran zu stören.

Auch wenn eine Frau während des Geschlechtsverkehrs das Gefühl hat, daß sie beinahe ihren Höhepunkt hat, bedarf es oft noch angestrengter Konzentration, um ihn zu erreichen. Es gleicht einem Kampf mit den Wellen: Die Frau hat das Gefühl, »fast da zu sein«, aber sie schafft es dann

ren schöner Musik, ein Bad im warmen Sonnenlicht, ohne daß es dabei einen Höhepunkt geben muß. Es ist wichtig, daß Männer dies wissen. Bedauerlicherweise haben manche Männer das Gefühl entwickelt, als Liebhaber zu versagen, wenn ihre Partnerin nicht »kommt«. Sie befürchten, sie nicht befriedigen zu können. Und Frauen, die nicht wol-

doch nicht, und die Erregung nimmt wieder ab. Das kann ziemlich frustrierend sein, und deshalb muß eine Frau das Gefühl haben, daß ihr alle Zeit der Welt zur Verfügung steht. Lassen Sie Ihre Partnerin wissen, daß Sie es aufregend finden, wenn sie sexuell erregt ist.

Wenn sich herausstellt, daß der Orgasmus einfach nicht

klappt, obwohl sie beinahe so weit waren, werfen sich manche Frauen vor, ungebührlich viel Zeit zu benötigen. Statt sich einfach ihren Gefühlen hinzugeben, verfolgen sie angespannt ihr eigenes Verhalten und beschließen, es aufzugeben. Vielleicht versuchen sie sogar, einen Orgasmus vorzutäuschen, um nicht den Eindruck entstehen zu lassen, daß die ganze Angelegenheit eine Enttäuschung war.

Frauen, die die Fähigkeit erworben haben, während des Geschlechtsverkehrs einen Orgasmus zu erlangen, können fast garantieren, daß es ihnen – wenn sie wollen – auch gelingt, und das ist eine für beide besonders reizvolle Sache. Diese Frauen können auch die unterschiedliche Intensität ihres Orgasmus beschreiben. Bei Männern ist der Orgasmus eine mehr oder weniger standardisierte körperliche Reaktion, unabhängig davon, wie er erlangt wurde, ob durch Masturbation oder während des Geschlechtsverkehrs. Intensität und Zahl der Muskelkontraktionen, ja selbst der Samenerguß, sind jedesmal gleich, auch wenn der einzelne den Orgasmus je nach den Umständen als mehr oder weniger befriedigend empfindet. Bei Frauen hingegen können Dauer und Intensität weitaus variabler sein. Darüber hinaus kann eine Frau, wenn sie weiter stimuliert wird, noch einen zweiten oder mehrere Orgasmen haben. Das ist nicht gerade häufig, aber wenn es passiert, ist das wunderbar für die Frau, die – hmhm – wie eine kleine »Liebesmaschine« funktioniert.

Während des Geschlechtsverkehrs kann eine Frau außerdem noch ein sogenanntes »Gipfelerlebnis« haben, nicht den unmißverständlichen, von vaginalen Kontraktionen begleiteten Orgasmus, sondern einfach eine starke, aufregende, von einem Wärmegefühl begleitete Empfindung.

Wenn eine Frau nie oder fast nie einen Höhepunkt erlebt hat, und sie wissen möchte, daß sie fähig ist, einen Orgasmus zu erlangen, so kann sie sich selber durch Benutzung eines elektrischen Vibrators stimulieren. Es ist ihr vielleicht peinlich zu einem solchen Hilfsmittel zu greifen – Frauen fühlen sich im allgemeinen nicht wohl, wenn sie irgendwelche Hilfsinstrumente zur Sexualität benötigen –, aber hier ist es ein Mittel zu einem guten Zweck. Auf diese Art und Weise kann sie sich vergewissern, daß sie normal ist und alles seine Richtigkeit hat. Vibratoren können in vielen Geschäften gekauft oder per Post bestellt werden, also warum keinen kaufen und damit experimentieren. Zu Anfang wird sie ihn sicher alleine ausprobieren wollen; wenn man ihn gegen die Klitoris hält und diese damit sanft massiert, so reicht das, um einen Orgasmus zu bewirken. Ein Nachteil ist, daß Vibratoren mit Batterien betrieben werden und deswegen ziemlichen Krach machen. Die Vorstellung, mit einer Art Staubsauger im Bett zu liegen, wird manche Frauen sicher eher zum Lachen reizen. Aber es lohnt sich darüber nachzudenken, wenn eine Frau wirklich den Orgasmus erlernen und praktisch erproben möchte. Darüber

hinaus bringt es eine gewisse Leichtigkeit in die Beziehung. Aber unterbreiten Sie ihr solch einen Vorschlag taktvoll. Machen Sie es nicht von vornherein kaputt, indem Sie sagen: »Steck Dir das Ding zwischen die Beine und paß auf, was passiert.«

Die Klitoris kann auch noch auf andere Art und Weise bis zum Orgasmus stimuliert werden, und Frauen, die eine sehr erfüllte Beziehung zu ihrem Partner haben, bestätigen, daß oraler Verkehr sehr aufregend ist. Wenn ihr Mann sie stimuliert, indem er Mund und Zunge richtig einsetzt, so kann das neue unvergleichliche Lustgefühle erzeugen. Die Frau muß allerdings vollkommen entspannt sein und sich völlig hingeben können, andernfalls wird ihre Reaktion vom Kopf her gehemmt. Viele Frauen haben Vorbehalte dem oralen Sex gegenüber, vielleicht weil sie befürchten, unangenehm zu riechen oder zu schmecken. Wenn es Ihrer Frau Spaß macht, tun Sie es am besten, wenn sie gerade aus der Dusche oder der Wanne gestiegen ist. Vielleicht fragt sie sich, ob es auch Ihnen gefällt. Beruhigen Sie sie und vergessen Sie nicht, daß oraler Verkehr eine äußerst intime Angelegenheit ist – nur wenn Sie Ihnen wirklich vertrauen kann, wird sie sich ihren Gefühlen ganz hingeben können. Seien Sie zärtlich und vorsichtig, wenn Sie saugen und beißen, und nehmen Sie Ihre Zunge zur Hilfe. Probieren Sie unterschiedliche Methoden aus. Sie wird Ihnen sagen, was ihr gefällt. Den Druck kann die Frau kontrollieren, indem sie den Mann festhält und ihn mit ihren Händen führt. Ein rhythmisches, ununterbrochenes Lecken scheint am wirksamsten zu sein; manche Männer können dies noch mit einer massierenden Bewegung der Zunge unterstützen. Wir haben die Klitoris mit dem Penis verglichen und den weiblichen Orgasmus aus der gemeinsamen Anlage abgeleitet. Der Mann erreicht den Orgasmus am besten durch die rhythmische Auf- und Abbewegung des Penis in der feuchten Scheide – die Eichel ist ganz besonders empfindlich. Wahrscheinlich ist deswegen die Klitoris, die letztlich auf denselben biologischen Plan zurückgeht, auf ähnliche Art am besten zu stimulieren: durch rhythmische Saugbewegungen an dem hochsensiblen rosafarbenen Teil unterhalb des Klitorishöckers. Der beste Garant für die erfolgreiche Anwendung dieser Methode ist ein erfahrener Liebhaber, der diese hohe Kunst in Vollendung beherrscht – sorgen Sie dafür, daß sie ein fester Bestandteil Ihres Sexuallebens wird. Versuchen Sie Ihre Partnerin davon zu überzeugen, daß Sie mit Ihr alles ausprobieren wollen, was ihre Freude am Sex erhöht. Nehmen Sie aber alle Bedenken Ihrer Partnerin ernst, und machen Sie ihr klar, daß es auch Ihnen Spaß macht. Befleißigen Sie sich dabei einer freundlichen Hartnäckigkeit. Vielleicht muß sie es ja erst noch lernen, einfach nur dazuliegen und zu genießen, und wehrt sich anfangs noch. Schafft sie es aber, sich ganz diesen Empfindungen hinzugeben, wird ihre Lust in einem Orgasmus kulminieren.

In vielen Büchern werden Techniken beschrieben, die es einem Paar ermöglichen, sich gegenseitig oral zu befriedigen. Bei dieser Stellung, die oft als Position 69 oder soixante-neuf – es klingt im Französischen einfach erotischer – bezeichnet wird, liegt einer der Partner verkehrt herum. Ab und an hört man Leute, für gewöhnlich Männer, diese Stellung erwähnen – meist während einer etwas deftigeren Unterhaltung –, um zu beweisen, was für herausragende Liebhaber sie sind. Viele Frauen teilen diese Einstellung oder haben es zumindest früher getan. Wenn es beiden Spaß macht, ist es okay. Aber wenn man genauer nachfragt, so gesteht doch ein großer Teil ein, daß das Ganze zwar moralisch völlig unbedenklich ist, es aber ungemein schwierig sei, die eigenen Empfindungen zu genießen und sich gleichzeitig darauf zu konzentrieren, den Partner zu stimulieren. Eine Frau, die es recht bildhaft auf den Punkt brachte, sagte, daß ihr dabei einfach die Perspektive zuwider sei.

Es gibt kein weibliches Pendant zum nächtlichen Samenerguß des Mannes – dem feuchten Traum –, wenn Erektion und Ejakulation während des Schlafes auftreten. Manche Frauen haben allerdings ein Gefühl extremer sexueller Erregung beschrieben, oft in Zusammenhang mit einem Traum, und dieses außergewöhnliche orgiastische Gefühl war beim Aufwachen noch vorhanden. Ob dies nur eine Frau erleben kann, die bereits gelernt hat, einen Orgasmus zu erlangen, ist unklar. Das Phänomen als solches ist der Menschheit allerdings bereits seit langem bekannt, und die legendäre Vorstellung vom Inkubus, die bekanntlich über die Jahrhunderte hinweg einigen Schaden angerichtet hat, läßt sich darauf zurückführen. Als Inkubus bezeichnet man den Teufel, der nachts in den Körper des Mannes schlüpft und sich zur Frau gesellt. Wie dem auch immer sei, auf jeden Fall kann der weibliche Orgasmus im Schlaf sehr intensiv sein: der Verstand ist ausgeschaltet und die mehr emotionalen und sexuellen Prozesse können ungehindert ablaufen. Eine sehr prüde, 49 Jahre alte Frau, die zusammen mit ihrem Gatten eine Sexualberatungsstelle aufsuchte, beharrte darauf, daß der Geschlechtsverkehr abstoßend, grob und vulgär sei und sie ihren Widerstand einer solch widerwärtigen Angelegenheit gegenüber einfach nicht aufgeben könne. Es stellte sich jedoch heraus, daß ihr Mann, mit ihr machen konnte, was er wollte, sobald sie fest eingeschlafen war. Er veranlaßte sie, alle Viere von sich zu strecken und bediente sich ihrer, ohne daß sie den geringsten Widerstand leistete. Wenn er aber auf diese nächtlichen Vergnügen anspielte, wies sie es entrüstet zurück und bestand darauf, sich an nichts erinnern zu können. Man mag an dieser Geschichte zweifeln; es wäre jedenfalls einfacher gewesen, wenn er Stillschweigen bewahrt hätte: Sie hätte sich weiterhin für eine uneinnehmbare Festung halten und trotzdem die Liebe genießen können.

Sex während der Schwangerschaft

Es scheint sich um eine normale Reaktion zu handeln, wenn eine Frau, die schwanger geworden ist, das Interesse am Sex verliert. Dies ist tatsächlich häufig der Fall, wie Briefe von ratsuchenden Frauen belegen. Eine große Zahl von Frauen entwickelt jedoch genau das entgegengesetzte Bedürfnis – sie scheinen einen schier unstillbaren Hunger auf Sex zu entwickeln, der sich im Verlauf der Schwangerschaft steigert. Hierbei handelt es sich nicht um ein gesteigertes Verlangen nach Liebe und Zuwendung, weil sich die Frau vielleicht unsicher oder weniger attraktiv fühlt, sondern um eine echte körperliche Unruhe, einen intensiven und hartnäckigen sexuellen Erregungszustand, der Befriedigung sucht. Dieser kann so stark werden, daß die Frau zerstreut und in Gedanken versunken wirkt, unfähig, sich auf etwas anderes zu konzentrieren als darauf, wie sie sich Erleichterung verschaffen kann.

Häufig haben Frauen dabei die schlimmsten Befürchtungen. Während des Orgasmus zieht sich der Uterus rhythmisch zusammen; und wenn im fortgeschrittenen Stadium der Schwangerschaft der Bauch um ein vielfaches größer ist, werden auch die Empfindungen beim Orgasmus entsprechend verstärkt. Viele Frauen befürchten, daß das Baby dadurch irgendwelchen Schaden genommen haben könnte, weil die Kontraktionen so heftig waren. Es gibt sogar Wissenschaftler, die behaupten, die Gebärmutter würde durch den Orgasmus auf das Pressen während der Geburt vorbereitet – aber das sind Spekulationen. Auf jeden Fall ist es vollkommen normal und hat keinerlei schädliche Auswirkungen. Wichtiger ist, daß Sie mit Ihrer Frau über ihre Gefühle sprechen. Möglicherweise fühlt sie sich im fortgeschrittenen Stadium der Schwangerschaft verletzlich oder unattraktiv und hat deswegen Angst vor Sex. Vor allem dann, wenn die Gefahr einer Fehlgeburt besteht, ist es während der ersten Monate angeraten, vernünftig und behutsam zu sein; danach können beide aber soviel Spaß haben, wie sie wollen. Es kann natürlich sein, daß Sie die Stellung variieren müssen, denn es ist keine gute Idee, daß Sie sich mit Ihrem vollen Gewicht auch noch auf ihren wachsenden Bauch legen. Knien Sie vor ihr oder legen Sie sich seitlich hinter sie. Wenn ihre Partnerin es möchte, kann die Klitoris dabei mit der Hand stimuliert werden. Diese Stellungen haben den großen Vorzug, daß Sie sich nach dem Orgasmus nicht sofort zurückzuziehen brauchen. Es erzeugt große Nähe und ist angenehm, wenn Sie Ihren Penis nach der Ejakulation in der Scheide lassen, bis er von selber herausgleitet.

Nach der Geburt des Babys kann die sexuelle Beziehung einigen großen Umwälzungen unterworfen sein. Vor allem in der Zeit von Schwangerschaft und Geburt sind Männer versucht fremdzugehen, aber gerade dann sollte man sich vor Augen halten, daß die werdende Mutter die Sicherheit braucht, daß ihr Mann bei ihr ist und sich liebevoll um sie kümmert. Das Verhalten des Freundes oder Mannes während dieser Zeit ist im Leben der Frau von ganz besonderer Bedeutung.

Romantik versus Routine

Es besteht kein Zweifel, daß im Laufe einer langjährigen Partnerschaft Häufigkeit und Intensität des Geschlechtsverkehrs abnehmen. Eine Redensart besagt: Wenn ein junges Paar in den ersten zwölf Monaten bei jedem sexuellen Zusammensein eine Erbse in einen Topf wirft und danach bei jedem Mal wieder eine herausnimmt, dann werden nach 25 Jahren immer noch welche übrig sein! Auch wenn sich beide Partner im Laufe der Zeit aufeinander abstimmen, so bleiben doch noch Unterschiede. In der Regel ist der Mann nicht mehr so aktiv und dominierend wie in den Anfangsjahren, aber immer noch auf seine Befriedigung bedacht. Das Verlangen der Frau hingegen scheint einzuschlafen. Das Potential ist zwar da, es bedarf aber größerer und neuerer Stimulation, um aktiviert zu werden. Es ist nichts Außergewöhnliches, wenn man Frauen – für gewöhnlich bereits seit langem verheiratet – sagen hört, daß sie innerlich gähnen, wenn er jene ach-so-bekannten Annäherungen im Bett unternimmt. Sie erzählen auch, daß sie das Einsetzen der monatlichen Regelblutung mit einem Gefühl der Erleichterung begrüßen – endlich ein paar Tage Ruhe. Und bei diesen Frauen handelt es sich bestimmt nicht um sexfeindliche frigide Moralapostel. Es sind ganz normale Gattinnen und Mütter, die ihrem Partner sehr zugetan sind und sich regelrecht schuldig fühlen, wenn sie ihren Mann zurückweisen, weil sie ihn um das bißchen Vergnügen bringen. Solche Situationen können zu einem Leben ohne Sex führen, zu Ehepartnern, die sich nichts mehr zu sagen haben. Oder es kann passieren, daß die Frau hin und wieder das Gefühl beschleicht, jetzt müsse sie »nachgeben«, um ihren Partner zu besänftigen oder ihre Schuldgefühle zu beruhigen. Solche Entwicklungen können mancherlei, das Zusammenleben gefährdende Verstimmungen zur Folge haben. Natürlich kann sexuelle Leidenschaft auch in ein tieferes, stärker kameradschaftliches Gefühl münden. Manche Paare treffen die stillschweigende Übereinkunft, daß der Geschlechtsverkehr nicht länger oder nur noch selten nötig sei, weil in ihrer Beziehung Freundschaft und Zuwendung wichtiger geworden sind – niemand sollte sich verpflichtet fühlen, sexuell aktiv zu sein.

Wenn aber ein Partner offensichtlich ein stärkeres Bedürfnis nach Sex hat als der andere, muß irgendeine Art von Kompromiß gefunden werden. Meistens, aber nicht immer, ist es die Frau, deren Interesse abnimmt. Wenn das Paar beschließt, das Liebesleben wieder aufregend zu gestalten, kann bei ihr anfänglich die Motivation überwiegen, ihren Mann zufriedenzustellen. Aber das muß keine schlechte Sache sein. Wenn erst einmal der erste Schritt getan ist, kann auch sie bald wieder entdecken, daß Sex eine Menge Spaß bringen kann.

Es kann natürlich auch sein, daß sich ganz einfach Langeweile in einer Partnerschaft breitgemacht hat. Frauen kann man oft stöhnen hören: »Ich kenne jede seiner Bewegungen.« Oft kann das sexuelle Verlangen wieder aktiviert werden, wenn Sie Ihre Routine ändern oder einfach etwas Neues ausprobieren. Wenn Sie während der letzten 15 Jahre einander für gewöhnlich donnerstags und sonntags um elf Uhr nachts geliebt haben, ändern Sie Ihre Gewohnheiten. Gehen Sie im Sommer einmal abends im Mondschein spazieren, suchen Sie sich ein ruhiges Plätzchen und verführen Sie Ihre Partnerin. Versuchen Sie einmal, ihren Liebhaber zu spielen.

Sie brauchen keine dramatischen Veränderungen durchzuführen. Manchen Paaren mag es Spaß machen, unter dem Küchentisch miteinander zu schlafen, und wir können ihnen nur viel Spaß dabei wünschen. Aber lassen Sie sich nicht einreden, daß Leute, die es für gewöhnlich in der Dunkelheit unter der Decke tun, verklemmt oder altmodisch seien. Das Bett ist immer noch der Ort für die Liebe schlechthin. Also versuchen Sie doch einmal, sofern Sie Zeit haben, am Nachmittag eine Siesta mit Ihrer Frau zu halten.

Sauberkeit

Frauen sind Gerüchen gegenüber besonders empfindlich, und bemerken häufig, daß sie leichter Schweißgeruch auf einem frisch gewaschenen männlichen Körper erregt. Verstehen Sie dies aber bitte nicht als Aufforderung, Ihr Unterhemd drei Tage lang nicht zu wechseln. Frauen wissen sehr wohl zu unterscheiden. Manche Frauen, die seit langem verheiratet sind, beklagen sich zu Recht darüber, daß sie ihren Mann regelrecht zu einem Bad zwingen müssen. Viel-

leicht können Sie es kaum glauben, aber es ist nur zu wahr, der vor Sauberkeit strahlende Verführer von einst ist außerordentlich nachlässig in Fragen der Reinlichkeit geworden. Nicht daß Sie nun alle Ihre Gewohnheiten über Bord werfen und sich in eine Parfümwolke hüllen, die durch Bodylotion, Aftershave und medizinisches Mundwasser verstärkt wird. Jeder verfügt über einen individuellen Körpergeruch, und der natürliche Geruch, der von einem gewaschenen männlichen Körper ausgeht, wirkt erregend genug. Und vergessen Sie nicht, sich zu rasieren – es wäre ein Fehler anzunehmen, daß Ihrer Frau Ihre Bartstoppeln im Laufe der Jahre besonders ans Herz gewachsen sind: Es handelt sich hierbei um eine Frage der Höflichkeit und Rücksichtnahme, die auch als solche empfunden wird.

Ein gemeinsames Bad oder eine »Dusche zu zweit«, kann bisweilen zu einem aufregenden, sexy Liebesabenteuer führen – egal, wie skeptisch Sie dem vorab gegenüberstehen. Versuchen Sie es einmal. Seifen Sie sich gegenseitig ein. Stellen Sie sich hinter sie, dann vor sie und genießen Sie

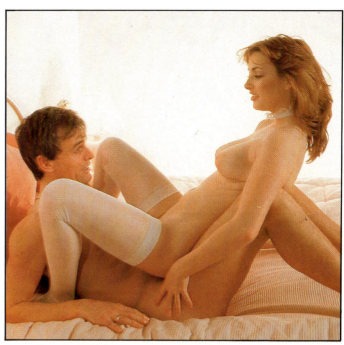
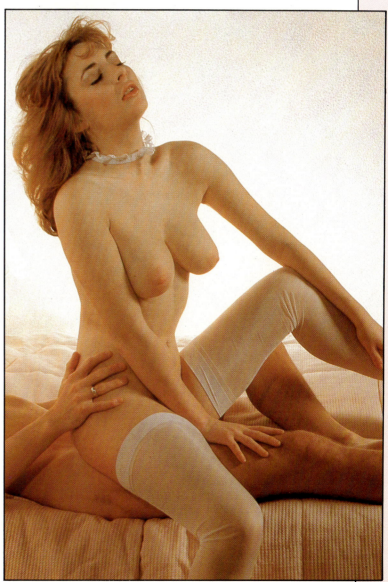

das rein sinnliche Gefühl, einander rhythmisch zu streicheln und zu massieren.

Kuschelsex und Zärtlichkeit

Frauen lieben es, zu umarmen und umarmt zu werden: Eine solche Körperlichkeit vermittelt ein Gefühl von Geborgenheit. Viele Frauen sagen jedoch, daß sie Hemmungen haben, ihren Partner zu umarmen, da er dies immer als grünes Licht für Sex mißversteht. Körperlicher Kontakt kann beim Mann schnell zu sexueller Erregung führen; dennoch sollte er lernen, zärtlich und verschmust zu sein. Der ideale Zeitpunkt dafür ist nach dem Geschlechtsverkehr, weil die Frau dann besonders zärtlichkeitsbedürftig und der Mann sexuell nicht so erregbar ist. Sie will nicht sieben Stunden lang von einem Bären umarmt werden, aber schon fünf Minuten Nähe können eine kleine Ewigkeit darstellen.

Einige unüblichere Stellungen

Wenn es um Sex geht, sind manche Paare überaus erfinderisch. Vorausgesetzt, es handelt sich um Erwachsene, die wissen, was sie tun, ist nichts dagegen einzuwenden, wenn sie einander Schokoladen-Eclairs in jede Körperöffnung stecken oder einander mit Vanille-Soße übergießen – jedem das Seine. Der sexuellen Phantasie sind keine Grenzen gesetzt, und in welchem Ausmaß sie ausgelebt wird, hängt allein von den Vereinbarungen eines Paares ab. Unzulässig ist jedoch, jemanden gegen seinen ausdrücklichen Willen zu solchen Praktiken zu zwingen.

Es gibt Prostituierte, die vor allem deshalb Karriere gemacht haben, weil sie bereit waren, die Wünsche ihrer Klientel zu erfüllen. Daß solch professioneller Service exklusiv für Männer angeboten wird, liegt auf der Hand.

Dafür gibt es alle möglichen Gründe, aber es genügt festzustellen, daß in den meisten Fällen der Mann seine Partnerin zu überreden sucht, solche, in ihren Augen ziemlich merkwürdigen Dinge auszuprobieren. Wenn die Frau seinen Wünschen nachkommt, etwa bestimmte Dessous zu tragen, ihn zu fesseln oder andere unübliche Praktiken auszuführen, so tut sie es meistens, um ihm zu Gefallen zu sein.

Vor allem wird sie sich zu Beginn einer Beziehung dazu bereiterklären, wenn sie sich seiner Liebe noch nicht so sicher ist und ihm unbedingt gefallen will – wenn dies der Fall ist, dann bedeutet es für die weitere Zukunft nichts Gutes. Denn wenn eine solche Partnerin selbstbewußter wird, wird sie bald viel stärker darauf drängen, daß auch ihre Gefühle berücksichtigt werden. Der Mann fühlt sich natürlich außerordentlich irritiert, wenn seine anfangs so

willige Partnerin ihm plötzlich klar macht, daß ihr gewisse Praktiken nie gefallen haben. Aber hören Sie sorgfältig hin, was sie zu sagen hat, und respektieren Sie die Wünsche Ihrer Partnerin.

Ein Wort zum Schluß

Es wäre naiv anzunehmen, daß es einem Paar immer gelingt, alle sexuellen Schwierigkeiten und Probleme zu vermeiden. Sexualität ist eine komplexe, mysteriöse Sache, und zu einem guten Einvernehmen zu kommen, das vernünftigen Erwachsenen entspricht, ist nicht immer einfach. Sex ist weder die wichtigste noch die ernsthafteste Sache der Welt, und die meisten sexuellen Ängste und Probleme können in einer liebevollen Partnerschaft gemeinsam überwunden werden. Aber es kann immer passieren, daß einige Schwierigkeiten bleiben, die so gravierend sind, daß man professioneller Hilfe bedarf.

Sex sollte keine Quelle permanenter Probleme sein. Im Grunde geht es doch nur darum, daß man die Freuden, die einem das Leben bietet, genießt. Wenn man sich das vor Augen hält, wird man auch in der Lage sein, die Dinge richtig einzuschätzen.

Nachdem wir bisher ausführlich die weibliche Sexualität dargestellt haben, wollen wir uns im folgenden mit der Frau als der erotischen Partnerin des Mannes beschäftigen – wieder mit Blick darauf, nicht nur sein, sondern auch ihr Vergnügen zu steigern, um so die Harmonie und Ausgewogenheit zu erlangen, die die Grundlage einer jeden Partnerschaft bildet.

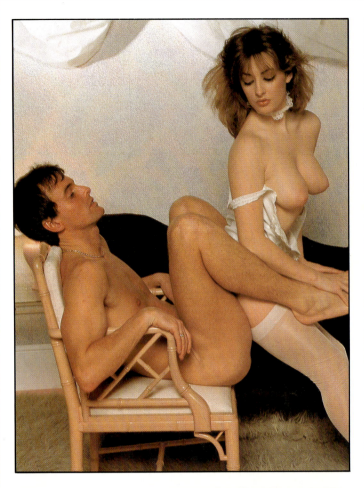

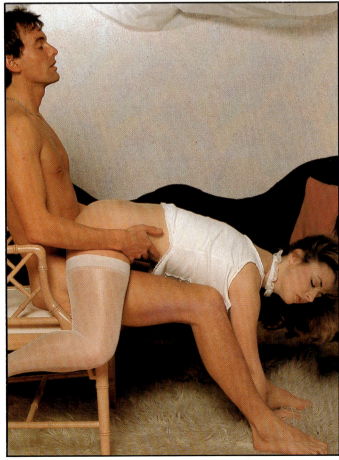

Einige Jahrzehnte nach der »sexuellen Revolution« sollten Männer und Frauen einen weitaus höheren Grad an sexueller Harmonie erlangt haben.

In den »dunklen Zeiten« – also ungefähr um 1960 – war Sex kein Thema. Männer und Frauen fummelten aneinander unter der Bettdecke herum – ohne eine Ahnung von den neuesten Techniken zu haben. Nicht einmal das Vokabular war ihnen geläufig. Wir sind zumindest aufgeklärt worden. In jedermann zugänglichen Publikationen werden die Geheimnisse der Liebe enthüllt. Männer können Fragebogen in Sonntagszeitungen ausfüllen, um zu erfahren, ob sie gute Liebhaber sind, und wenn sich herausstellt, daß sie keine »Steher« sind, können sie immer noch die entsprechenden sexuellen Erfolgsrezepte ausprobieren. Sie können es lernen, eine Klitoris auf zwei, drei Meter Entfernung zu lokalisieren und Karten mit den erogenen Zonen der Frau studieren. Frauen können lernen, wie sie ihn dazu bringen können, »mehrmals zu kommen« – so der Titel eines kürzlich erschienenen Artikels über den mehrfachen Orgasmus des Mannes. Darüber hinaus wird in all diesen Schriften über »guten Sex« nicht nur auf die körperliche Seite der Liebe, sondern auch die gefühlsmäßige eingegangen. Immer wieder wird in Frauenmagazinen die ganz enorme Bedeutung von Zärtlichkeit, Zuwendung und Gesprächen für die Beziehung betont.

Sexuelle Unzulänglichkeit müßte also längst ein Relikt der Vergangenheit geworden sein. Was haben wir falsch gemacht?

DAS SEXUELLE VERHALTEN DES MANNES

Verstehen Frauen heute besser, wie ein Mann fühlt und sexuell reagiert? Oder verstehen sie es nur allzu gut, und macht es sie irgendwie wütend? Wie auch immer, Sex ist immer noch die Quelle für Konflikte in der Beziehung zwischen Mann und Frau, und dieselben Konflikte tauchen immer wieder auf.

Hören wir uns einmal Esthers Klage an. Esther ist 29 und glücklich verheiratet. Am letzten Wochenende war sie mit ihrem Mann auf einer Party eingeladen; folgendes passierte:

»Also ehrlich, es war unglaublich! Es hätte mich ja nicht

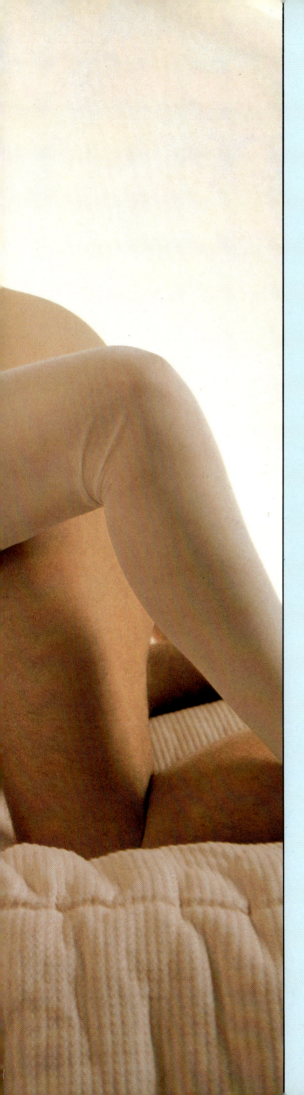

weiter gestört, wenn sie wenigstens gut ausgesehen hätte, aber sie war so... gewöhnlich. Sie trug eines dieser wirklich fürchterlichen Lurex-Kleider und wirbelte immer um ihn herum... Und er stand einfach da! Sie hat noch nicht

einmal eine gute Figur... Sie hat diese großen Brüste, die jedesmal fast herausfallen, wenn sie sich bückt... und sie ist einfach dumm. Sie tat so, als wäre sie von jedem Wort, das er von sich gab, schockiert und kicherte ununterbrochen. Und dann stank sie so nach billigem Parfum.« (Achtung: Die »andere Frau« benutzt immer ein billiges Parfum – sie kann ein Vermögen dafür ausgegeben haben, es bleibt ein »billiges Parfum«.) Und so ging es weiter: »... Auf jeden Fall ging ich also zu ihm, als er gerade an der Bar für sie einen Drink holen wollte und fragte, durchaus nicht unfreundlich: ›Wer ist Deine neue Freundin?‹, und er sagte: ›Oh, Du meinst Gloria...? Sie ist wirklich nett.‹«

Die beiden haben die Party kurz darauf verlassen. Wir wollen jetzt seine Version der Ereignisse hören:

»Ich war einfach platt. Ich dachte, wir würden uns auf der Party gut amüsieren. Ich habe mich nur mit einer anderen Frau unterhalten. Was erwartet sie eigentlich von mir – daß ich mit niemandem mehr rede? Das nächste, woran ich mich erinnern kann, ist, daß wir nach Hause fuhren und sie ein Gesicht zog wie eine Gewitterwolke. Dann fing sie davon an, daß ich mich mit irgendeiner hergelaufenen Schlampe zum Gespött aller Leute gemacht hätte... Ich weiß wirklich nicht, was sie hat. Das Mädchen war in Ordnung. Es war einfach nur höflich... Und sie hat sich wirklich für die neuesten Pläne unserer Firma interessiert...«

Was bedeutet dieser Vorfall nun mit Blick auf männliches und weibliches Sexualverhalten? Ist es lediglich so, daß Glorias kokettes Verhalten das Ergebnis ihrer Erziehung ist – etwas, das ihr antrainiert wurde und von dem er sich lediglich geschmeichelt fühlte –, oder handelt es sich hier um die Reste eines grundlegenderen, instinktiven Sexualverhaltens?

Eine Frau mittleren Alters suchte wegen eines Ehekonfliktes Rat in einer psychologischen Sexualberatungsstelle. Sie war 58 Jahre alt und fast 30 Jahre verheiratet. Die Ehe verlief kameradschaftlich und eigentlich unproblematisch. Beide, sie und ihr Gatte, hatten hart gearbeitet, um sich ein Haus zu bauen und die Kinder großzuziehen. Ihr Liebesleben war zwar nicht abenteuerlich, aber dennoch harmonisch und entwickelte sich im Laufe der Jahre zu einer liebevollen Beziehung mit gelegentlichem Geschlechtsverkehr. All das wurde jedoch zunichte gemacht durch etwas, das sie als die grauenvollste Entdeckung ihres Lebens bezeichnete. Jahr für Jahr hatte ihr Mann ihr immer beim Frühjahrsputz geholfen und war auf die Leiter gestiegen, um die oberen Regalbretter und die Bilderrahmen abzustauben. Da er aber immer mehr von Arthritis geplagt wurde, hatte sie beschlossen, so viel wie möglich selber zu machen. Sie stand auf dem Stuhl, um die Koffer und Decken vom Kleiderschrank herunterzunehmen, als es passierte, und ihr Leben einen Sprung erhielt! Zwischen den Decken fand sie Pornohefte, die an Deutlichkeit nichts zu wünschen übrig ließen. Dieser Moment hatte sich ihr mit grausamer Klarheit ins Gedächtnis eingeprägt; zutiefst verletzt beschrieb sie die Situation. Die Bilder der nackten Frauen, die ihre Genitalien in den abenteuerlichsten Stellungen zur Schau stellten, widerten sie an. Die Vorstellung, daß ihr Mann durch diesen Anblick sexuell erregt werden könnte, war für sie so unglaublich, daß sie verzweifelt nach anderen möglichen Erklärungen suchte, aber die Zweifel blieben. Schließlich stellte sie ihren Gatten unter Tränen zur Rede. Er unternahm einen eher schwachen Versuch, so zu tun, als wisse er von nichts, gab aber schließlich zu, besagte Pornohefte zu kennen. Hin und wieder hätte er sie angesehen, aber das wäre schon lange vorbei; er habe glatt vergessen, daß es sie überhaupt noch gäbe. Er war unwillig und vielleicht auch unfähig, mit ihr weiter darüber zu sprechen, weil er fühlte, daß er ihr keine zufriedenstellende Erklärung würde geben können. Die ganze Affäre hatte katastrophale Auswirkungen auf seine Frau. Die Sache ging ihr nicht mehr aus dem Kopf; sie hatte das Gefühl, ihr ganzes Leben sei auf einer Lüge aufgebaut und schrak vor der bloßen Vorstellung körperlicher Nähe zurück. Mit ihren Worten: »Es macht mich krank, mir vorzustellen, daß er diesen Dreck genossen hat. Ich habe immer geglaubt, daß wir ein anständiges Leben geführt haben, aber das hat alles kaputt gemacht. Es macht alles... so schmutzig. Ich fühle mich beschmutzt – ich kann es nicht ertragen, wenn er mich anfaßt... und ich weine nachts. Es hat sich in meinem Kopf festgesetzt, und ich weiß, daß ich es nie mehr vergessen werde.«

Die Reaktion dieser Frau mag etwas übertrieben sein, aber der Vorfall ist keineswegs ungewöhnlich. Viele Frauen

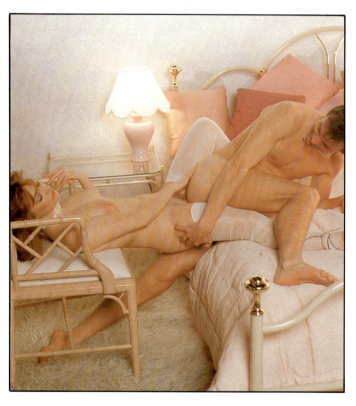

verstehen ganz und gar nicht, daß ihre Männer Spaß an solchen Abbildungen haben.

Dieses bedauernswerte Nicht-Verstehen der männlichen Sexualität wird an dem folgenden Beispiel eines verheirateten Paares, das wir kürzlich befragt haben, noch deutlicher. Herr und Frau M. sind seit 14 Jahren verheiratet und haben drei Kinder. Beide hielten ihr Liebesleben zu Beginn und in den ersten Jahren ihrer Ehe für aufregend, aber beide plagte das Gefühl, daß nicht mehr viel davon übriggeblieben war. Die folgenden Kommentare wurden willkürlich ausgewählt; sie sind jedoch dermaßen typisch, daß sich daraus ein grundlegender Unterschied ableiten läßt: Sex hat für Männer und Frauen einfach einen unterschiedlichen Stellenwert.

»Mir ist oft nicht danach zumute... Ich bin nachts immer müde... und ich weiß, wenn ich ihn zurückweise, hat er am nächsten Tag schlechte Laune. Wenn er mit mir schläft, ist er glücklich, aber ich hasse die Vorstellung, daß er nur nett zu mir ist, wenn er mit mir schlafen kann...«

»Sie hat in letzter Zeit entweder immer Kopfschmerzen oder sie ist zu müde. Was soll ich nur tun?«

lustiger zu sein. Also sollte man meinen, daß es keine Konflikte mehr geben wird, wenn die jungen Frauen erst einmal aus ihrer Reserve herausgekommen und in sexuellen Dingen genauso direkt wie Männer geworden sind. Die Diskrepanz zwischen weiblichem und männlichem Sexualverhalten müßte also aufgehoben sein, und nun könnte Sex einfach nur genossen werden, ohne daß man einander etwas vorzumachen bräuchte.

Diese Überlegungen klingen doch wirklich überzeugend und haben etwas ausgesprochen Verlockendes. Was also ist bei Peter schiefgegangen – einem ganz normalen 20jährigen Maschinenbaustudenten? Peter ist groß und attraktiv, eher schüchtern, mit trockenem Humor. Er hat eine vollkommen normale sexuelle Entwicklung durchlaufen, und seine Interessen zeigen nichts Ungewöhnliches. Als Jugendlicher war Sex das Hauptthema, er war allerdings nicht frei von Selbstzweifeln. Er fragte sich, ob er wohl, wenn sein großer Augenblick käme, allen Ansprüchen genügen würde. Unglücklicherweise waren seine ersten sexuellen Erfahrungen ein völliges Desaster. Peter erzählte, daß er vor einigen Jahren mit Freunden eine Diskothek besuchte,

»Er behauptet immer, daß ich netter zu unserer Katze bin als zu ihm, aber immer wenn ich zu ihm gehe und ihn umarme, glaubt er, ich wolle mit ihm schlafen...«

Zu diesen Mißverständnissen kommt es, weil Männer anders fühlen und reagieren, sobald es um Sex geht. In den letzten Jahren ist oft behauptet worden, daß die Sexualität der Frau einer weitreichenden gesellschaftlichen Unterdrückung ausgesetzt war, daß man jungen Frauen beibringt, sehr viel vorsichtiger in bezug auf sexuelle Beziehungen zu sein – Zweck der Übung sei, ihr Verhalten zu kontrollieren und sie in ihre Schranken zu weisen. Das ist natürlich nicht ganz falsch. Zu Anfang einer Beziehung investiert ein junger Mann sehr viel Zeit und Energie, um seine Freundin zu bewegen, sexuell etwas unternehmungs-

wo sie ein paar Mädchen kennenlernten. Die Wahl einer besonders attraktiven, etwas älteren Frau fiel auf ihn. Sie war zu diesem Zeitpunkt ungefähr 25. Ihr Verhalten Peter gegenüber war vollkommen unzweideutig – dies bemerkten auch seine Freunde. Auch damals war es offensichtlich schon möglich, daß eine Frau mit genügend Selbstvertrauen und Selbstbewußtsein den ersten Schritt in einer sexuellen Beziehung machen konnte, ohne vortäuschen zu müssen, sie sei schüchtern und wolle erst überredet werden. Lassen wir Peter seine Geschichte selbst erzählen: »...Ich konnte es einfach nicht fassen. Sie war wirklich großartig und echt scharf auf mich. Sie sagte mir praktisch, daß sie in dieser Nacht mit mir schlafen wollte. Bis dahin hatte ich nur mit mir allein sexuelle Erfahrungen gesam-

melt! Ich war so aufgeregt, daß ich dachte, ich würde explodieren. Wir gingen also in ihre Wohnung. Sie zog sich aus und ich geriet in Panik. Ich hatte es noch nie zuvor gemacht und konnte es auch in dem Augenblick nicht. Je mehr ich es versuchte, umso schlapper wurde er. Buchstäblich. Sie sagte, es würde ihr nichts ausmachen, aber ich fühlte mich so mies, daß ich nicht reden konnte, weil ich sonst sicher geheult hätte. Was für eine Blamage! Am nächsten Morgen ging ich nach Hause zurück. Tagsüber ging es mir noch schlechter, ich mußte immer daran denken und war mir sicher, daß ich es niemals schaffen würde. Meine Freunde wußten selbstverständlich nichts davon....«

Dieser junge Mann war todunglücklich. Sein Selbstbewußtsein hatte so stark gelitten, daß er sich für einen Versager hielt. Er fühlte sich als Außenseiter und minderwertig. Er glaubte, der Rest der Menschheit fröne einem vergnüglichen, sorgenfreien Liebesleben, nur er sei aufgrund seiner sexuellen Unzulänglichkeit zu einer zweitrangigen Existenz verurteilt. Dieses Gefühl der Nutzlosigkeit hatte Auswirkungen auf beinahe alle anderen Bereiche seines Lebens. Natürlich hatte er mit niemandem über seine Sorgen gesprochen, und so fühlte er sich immer isolierter, überzeugt davon, daß er der größte Flop aller Zeiten sei.

Wie konnte so etwas passieren? Warum war seine Reaktion so enttäuschend? Träumen nicht die meisten davon, daß ihnen so eine Gelegenheit in den Schoß fällt? Welcher Aspekt der männlichen Sexualität war vernachlässigt worden?

DIE BIOLOGISCHEN GRUNDLAGEN DER MÄNNLICHEN SEXUALITÄT

Menschliche Verhaltensweisen sind äußerst komplex, und dafür gibt es viele Ursachen. Unserer Erziehung kommt für unser weiteres Verhalten besondere Bedeutung zu. Läßt man einmal die Sorge um das leibliche Wohlergehen der Kinder beiseite, dann kann man den eigentlichen Prozeß der Erziehung als den ständigen Versuch beschreiben, kindliche Verhaltensweisen sozial akzeptierten Mustern anzupassen. Wenn man Kindern ihren freien Willen läßt, verhalten sie sich wie kleine Wilde: Unappetitlich stochern sie im Essen herum, werfen es voller Wut an die Wand und zertrampeln ohne Rücksicht auf Verluste Dinge, die sie nicht mögen. Die Liste der Beispiele kann von manchen leidgeprüften Eltern problemlos verlängert werden. Eltern versuchen daher, ihnen diese Unarten abzugewöhnen – sie packen ihren Nachwuchs am Kragen und lesen ihnen die Leviten, oder sie gehen einfach mit gutem Beispiel voran. Die meisten Eltern halten sich mehr oder weniger an diese traditionellen Erziehungsmethoden. Wir alle kennen das Ergebnis einer Erziehung, die darauf beharrt, Vorschriften unterdrückten und verunsicherten Kinder und schränkten ihre Kreativität ein. Und wenn wir das kleine Hänschen sehen, wie er mit dem Messer das Stuhlbein malträtiert, dann können wir angesichts dieser kreativen Leistung nur gequält lächeln.

Kinder können aber auch einem so strikten Reglement unterworfen werden, daß sie schüchtern und furchtsam werden, immer ängstlich darauf bedacht, die vielen Regeln und Gesetze nicht zu übertreten. Solche Kinder fühlen sich schon bei der kleinsten Kleinigkeit schuldig.

Glücklicherweise gelingt es den meisten Eltern, einen mehr oder weniger »goldenen« Mittelweg zu finden. Aber Erziehung und Charakterformung sind noch lange nicht alles. Sie sind Teil eines zweigleisigen Prozesses, der auch durch die biologischen Faktoren beeinflußt wird. Kinder verhalten sich zum großen Teil so, wie es ihrer Persönlichkeit entspricht: Ein sensibles, eher introvertiertes Kind läßt sich ohne großen Druck erziehen, während sein lebhafter und aufbrausender Bruder sich selbst härteren Versuchen, ihn zu bändigen, gegenüber relativ immun zeigt.

Dasselbe gilt auch für die Sexualität. Grundsätzlich handelt es sich beim Sexualtrieb um eine genetisch bestimmte, biologische Kraft, die der Fortpflanzung dient. Biologisch gesehen ist der Geschlechtsverkehr der Akt der Zeugung. Wichtig ist nur, daß die nächste Generation »gut gelingt« und ausreichend versorgt wird. Bei diesem Unternehmen kommen den Geschlechtern unterschiedliche Rolle zu. Für den weiblichen Teil ist es bedeutsam, den richtigen Augenblick abzuwarten und sorgfältig auszuwählen. Sie wird viel Zeit mit Schwangerschaft und Aufzucht des Nachwuchses zubringen. Deswegen braucht sie einen Partner, der stark und kräftig genug ist, sie zu befruchten, bei ihr bleibt und ihr bei der Aufzucht der Jungen hilft.

Der männliche Teil hingegen wird so viele Nachkommen wie möglich zeugen wollen, um sicherzustellen, daß die Art fortbesteht. Er wird sich deswegen mit möglichst vielen Weibchen paaren wollen, tritt dadurch aber in Konkurrenz zu den anderen Männchen, die dasselbe Ziel verfolgen.

Für die Frau ist der Geschlechtsakt eher Bestandteil einer verantwortungsvollen Beziehung, während es für den Mann natürlich ist, sie »einzufangen«, zu verführen, zu begatten und schließlich zu schwängern. Deswegen regiert ein Mann in der Regel viel schneller auf sexuelle Stimuli als eine Frau, und sein sexuelles Verhalten ist offensiver als das weibliche. Das soll nicht heißen, daß der weibliche Sexualtrieb schwächer ist – einmal in Gang gesetzt, kann er überaus stark werden –, aber im allgemeinen wollen Frauen, daß um sie geworben und ihr sexuelles Interesse erst einmal geweckt wird. Die sexuellen Reize und Signale, auf die ein Mann anspricht, sind anders als bei einer Frau. So scheint zum Beispiel der visuelle Reiz – der Anblick einer sexuell attraktiven Frau – für einen Mann von größerer Bedeutung zu sein.

Natürlich bewegt sich der zivilisierte Mensch nicht länger

auf diesem rein biologischen Niveau. Denn das würde schnurstracks zur Anarchie führen – freie Liebe für alle: Die Männer würden umherstreifen und um die beste Frau kämpfen – die Folgen wären nicht nur gewalttätige Eifersucht, sondern auch recht chaotische Familiengründungen. Die primitiven Instinkte werden durch die normale psychologische Entwicklung eingedämmt, und die Gesellschaft reglementiert das individuelle sexuelle Verhalten. So wird beispielsweise per Gesetz geregelt, daß eine Person zur

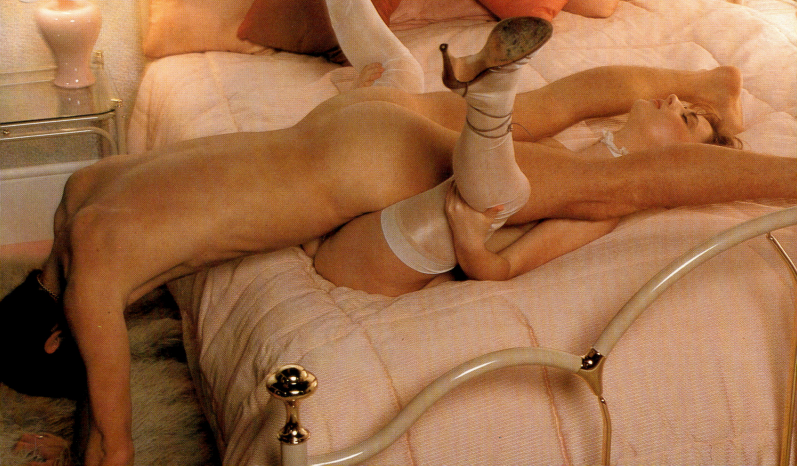

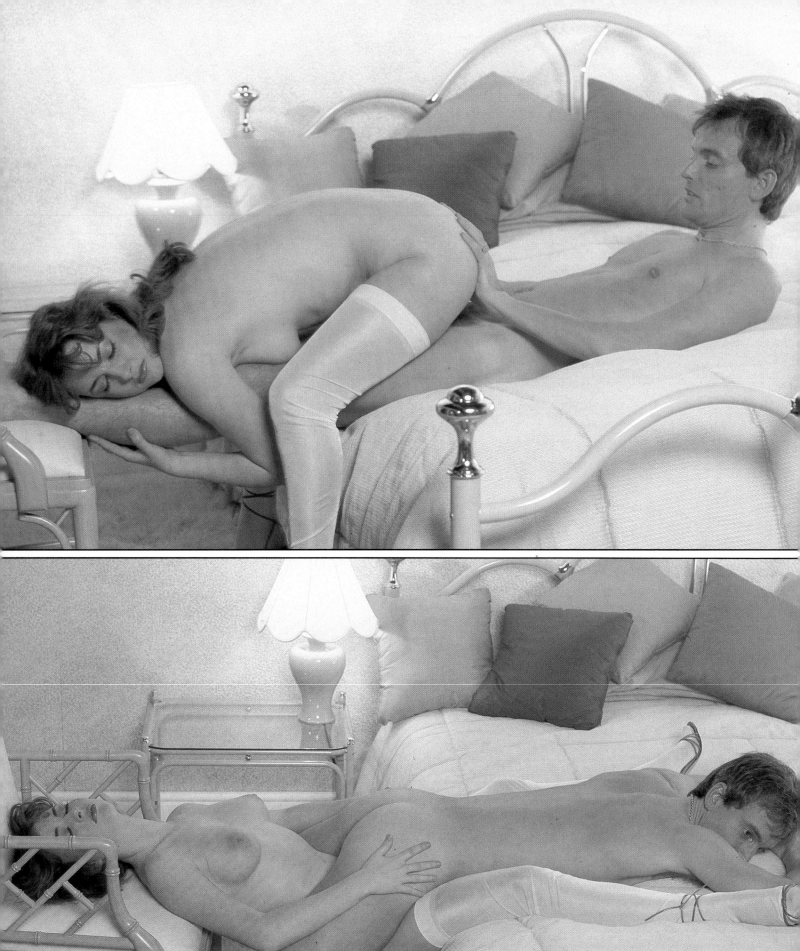

gleichen Zeit nur einen Partner haben darf, und moralische oder religiöse Vorschriften verlangen von den Partnern, daß sie einander treu bleiben. Dieses System funktioniert mehr oder weniger – die meisten Ehen bleiben bestehen, und die meisten Paare haben eine befriedigende sexuelle Beziehung. Aber es treten immer wieder Unvereinbarkeiten und Probleme auf. Um diese besser vorauszusehen und bewältigen zu können, benötigen wir auch ein besseres Verständnis der männlichen Sexualität. Wir müssen uns allerdings eingestehen, daß wir in diesem Bereich immer noch Produkte unserer biologischen Natur sind. Damit soll der männlichen Promiskuität kein Freibrief ausgestellt werden; es kann auch keine Rede davon sein, Männern eine Rechtfertigung an die Hand zu geben, die es ihnen möglich macht, nach ihren Seitensprüngen achselzuckend festzustellen: »Na ja, es ist halt meine Natur, Liebes.« Darüber hinaus gibt es natürlich Männer, die sich aus moralischen oder sonstigen Gründen für Enthaltsamkeit oder Treue entscheiden. Aber im allgemeinen gilt: Die fundamentalen Unterschiede zwischen männlicher und weiblicher Sexualität bleiben bestehen.

DER MÄNNLICHE SEXUALZYKLUS

Erregung

Bei sexueller Erregung durchläuft der Körper einige charakteristische physiologische Veränderungen. Die einzelnen Schritte sind in unserem Kontext nicht von Bedeutung, aber sie werden als der Beginn sexueller Erregung wahrgenommen: Das Herz klopft stärker, die Atmung wird schneller und beim Mann wächst das Bedürfnis nach genitaler Stimulation.

Männer können in fast jeder Umgebung sexuell erregt werden und antworten auf eine Fülle sehr unterschiedlicher sexueller Signale. Visuelle Reize – das einfache Hinsehen – sind sehr stark. Auch wenn das Interesse von Frauen durch einen besonders attraktiv aussehenden Mann geweckt werden kann, so brauchen sie doch in aller Regel meist direkteren Kontakt – Küsse und Zärtlichkeiten –, um sexuell stimuliert zu werden.

Diese Empfänglichkeit der Männer für visuelle Reize zeigt sich besonders deutlich am folgenden Beispiel: Während einer Unterrichtsstunde für Krankenpfleger wollte die junge Lehrerin ihren hauptsächlich männlichen Zuhörern erklären, wie man sich in einen Zustand der tiefen Entspannung versetzt. Sie war eine außergewöhnlich attraktive Frau und trug einen engen Rock, der vorne halb geöffnet war. Ohne auf ihre Umgebung zu achten, demonstrierte sie verschiedene Stellungen, die sehr lustvoll wirkten. Die Männer waren wie hypnotisiert. Unruhig rutschten sie auf ihren Stühlen hin und her, schlugen die Beine übereinander, ein oder zwei fuhren sich mit den Fingern am Kragen lang und blickten, um sich abzulenken, zur Decke. Als die Stunde vorbei war, sahen sich die meisten in geheimem Einverständnis an – und grinsten breit. An das, worüber die Lehrerin gesprochen hatte, konnte sich kaum noch jemand erinnern.

Manche Frauen sind geneigt, solche männlichen Reaktionen mit Verachtung zu strafen, denn schließlich bedeutet es eine grobe Mißachtung einer hochqualifizierten Frau, die auf diese Art und Weise zum Sexualobjekt herabgewürdigt wird. Diese Sichtweise ist nicht ganz fair: Vielleicht sollten sich zivilisierte Menschen nicht so verhalten, aber es ist nun einmal eine Tatsache, daß Männer auf unterschiedliche sexuelle Reize reagieren. Wie ein Mann auf diese Kritik reagiert, hängt ganz von seiner Einstellung ab. Ohne Zwei-

fel ist vielen Männern die Erkenntnis äußerst unangenehm, daß sie in völlig unangebrachten Situationen sexuell erregt werden und sie diese Reaktion genauso wenig kontrollieren können wie ein hungriger Mensch, dem beim Geruch frisch gebackenen Brotes das Wasser im Mund zusammenläuft. Auch wenn manche Frauen mit gutem Recht darauf bestehen, sich zu kleiden, wie sie wollen, so sollten sie doch nicht vergessen, daß ein knapper Rock oder eine durchsichtige Bluse im Büro für Aufregung sorgen kann.

Diesen visuellen Aspekt bei der sexuellen Erregung des Mannes belegt auch die Tatsache, daß Männer sich sehr viel stärker als Frauen von eindeutigen Abbildungen in pornographischen Magazinen und Videos angesprochen fühlen. Der Voyeur, der um parkende Autos streift, um einen Blick auf Liebespaare zu erhaschen oder sich in den Büschen versteckt und die Fenster beobachtet, um zu sehen, ob sich jemand auszieht, ist immer ein Mann. Männer zahlen gut, um einen gekonnten Striptease geboten zu bekommen. Auch wenn diese eher ungewöhnlichen Aktivitäten für die meisten Männer nicht charakteristisch sind, ändert das nichts an der Tatsache, daß Männer in hohem Grad auf optische Reize ansprechen.

Sexuelle Erregung kann auch das Ergebnis einer direkten Stimulation sein, etwa einer Liebkosung oder Massage; sexuelle Phantasien genügen gelegentlich auch. Stärke und Heftigkeit der Erregung hängen vom Grad der sexuellen Befriedigung ab. Ein junger Mann ohne Sexualpartnerin wird natürlich viel eher erregt als jemand, der eine feste Partnerin oder Geliebte hat, die seine Bedürfnisse befriedigt.

Die Erektion

Das augenscheinlichste Ergebnis männlicher Erregung ist die Erektion des Penis: Der Penis schwillt an, er füllt sich mit Blut und wird steif. Diese Reaktion wird von einer Rötung und der Retraktion der Haut an den Hoden begleitet. Das Bedürfnis nach sexueller Befriedigung wird dadurch noch gesteigert. Wenn der verstärkte Blutandrang und die Erektion zu lange anhalten – zum Beispiel während eines ausgedehnten Pettings –, kann es unangenehm werden. Diese Erfahrung haben viele junge Liebhaber sicher schon einmal gemacht.

Der Wunsch zu ejakulieren, ist Bestandteil der sexuellen Reaktion des Mannes. Eine Erektion kann aber auch ohne offensichtliche sexuelle Stimulation auftreten. Ein junger Mann beschreibt dies wie folgt:

»Manchmal habe ich das Gefühl, als ob er ein Eigenleben führt. Ich arbeite oder mache irgend etwas anderes und nichts liegt mir ferner, und plötzlich merke ich, daß er steif wird... aber dann fühle ich mich schon abgelenkt und denke darüber nach, was natürlich überaus blöde ist, wenn ich gerade im Supermarkt oder sonstwo bin.«

Viele Männer kennen auch die Erektion am frühen Morgen: der Penis ist steif, wenn sie aufwachen, und sie glauben, urinieren zu müssen – daß sie sexuell erregt sind, davon wollen sie zumeist nichts wissen. Jeder Mann, der einmal versucht hat, bei voller Erektion Wasser zu lassen, weiß, wie lästig und unangenehm dies sein kann.

Eine Erektion wird oft von einer Ejakulation begleitet, die auch während des Schlafes auftreten kann. Dem Mann fehlt oft jede Erinnerung daran, er findet lediglich den Beweis auf

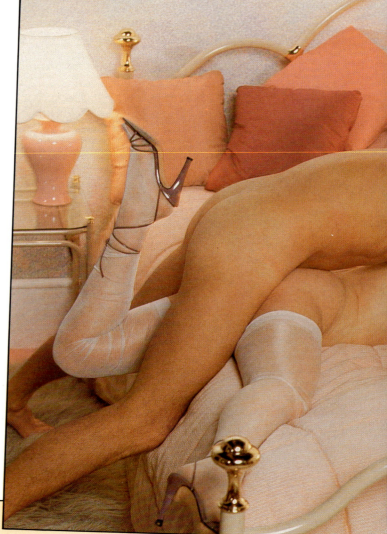

der Bettdecke oder dem Pyjama: Es ist vollkommen natürlich, auf diese Weise die angestaute sexuelle Spannung abzureagieren. Aber immer noch gibt es junge Männer, bei denen dieser nächtliche Samenerguß zu Verwirrung oder Schuldgefühlen führt.

Der Samenerguß

Wenn die sexuelle Stimulation intensiv genug ist, entlädt sie sich in einer rhythmischen Auf- und Abbewegung des Penis, während derer der flüssige, weißliche Samen austritt. Die Ejakulation ist von einem unglaublich angenehmen Gefühl begleitet, dem Orgasmus. Die Muskelkontraktionen sind bei jedem Mann mehr oder weniger gleich intensiv, während die subjektive Qualität des Erlebnisses stärker durch die umgebenden Faktoren bestimmt wird – beim Verkehr mit einer atemberaubenden Partnerin ist es angenehmer, als wenn ein Mann bloß wegen der körperlichen Erleichterung für sich alleine masturbiert.

Ein Mann kann den exakten Zeitpunkt der Ejakulation vorhersagen. Er weiß beispielsweise genau, daß zwei weitere Stöße unweigerlich zur Ejakulation führen werden. Der Samenerguß kann, wenn die Stimulierung plötzlich abbricht oder Kraft seines Willens, verzögert werden, aber in den meisten Fällen tritt der Samenerguß unverzüglich ein. Ein 24jähriger junger Mann beschrieb die Schwierigkeit, den Samenerguß hinauszuzögern, mit den folgenden Worten:

»... Es macht ihr Spaß. Sie kann es richtig genießen, was mich erregt, und ich spüre, daß ich komme. Und dann flüstert sie: ›Noch nicht!‹, und ich muß versuchen, eine kurze Zeit absolut ruhig zu bleiben. Manchmal denke ich, ich könnte es tatsächlich kontrollieren, aber dann bewegt sie sich hin und her, und ich bin wieder da, wo ich angefangen habe. Manchmal versuche ich daran zu denken, wie unser Hund überfahren wurde.... Damals war ich zu Tode erschrocken....«

In der Natur ist eine schnelle Ejakulation von Vorteil, weil es nur darum geht, das Weibchen zu befruchten. Aber für uns ist Sex mehr als nur eine biologische Funktion. Wir wollen uns dabei vergnügen, entspannen und auch emotional auf unsere Kosten kommen. Dem steht allerdings immer noch die grundlegende biologische Tatsache im Wege, daß die rhythmische Auf- und Abbewegung des Penis während des Verkehrs zur schnellen Entladung, der Ejakulation, drängt. Es ist daher sehr sinnvoll, Techniken zu entwickeln, die den Samenerguß hinauszuzögern. Denn Frauen brauchen einfach mehr Zeit und eine andere Art der Stimulierung, um den Höhepunkt zu erreichen.

Die Ruhe- und Entspannungsphase

Nach dem Samenerguß baut sich die sexuelle Spannung schnell ab, und der Penis schrumpft wieder auf seine normale Größe. Der Mann fühlt sich buchstäblich entleert, entspannt, befriedigt oder schläfrig. Meistens ist ihm nicht nach Gesprächen, dem weiteren Austausch von Zärtlichkeiten oder Liebkosungen zumute. Das kann für eine Frau eine Enttäuschung sein, weil sie gern in die Arme genommen würde, um von ihm zu hören, daß er nicht nur die sexuelle Entspannung gesucht hat. Wenn der Mann ihr direkt danach sogleich den Rücken zuwendet, fühlt sich eine Frau verletzt. Sie sollte allerdings dieses gedankenlose Verhalten nicht als persönliche Kränkung empfinden. Vielleicht sollten Sie Ihrem Mann Ihre Gefühle einmal genauer erklären. Vielleicht hat er angenommen, Ihnen ginge es genau wie ihm, und nie darüber nachgedacht, daß Zärtlichkeiten nach dem Geschlechtsverkehr für Sie genauso wichtig sind wie der Akt selber.

Nach dem Samenerguß und dem Abklingen der Erektion gibt es eine Phase, in der der Mann nicht auf sexuelle Stimulierung reagieren kann. Im allgemeinen ist diese Phase, in der »nichts geht«, umso länger, je älter der Mann ist.

MÄNNERPHANTASIEN

Alle sexuell gesunden Menschen haben sexuelle Phantasien, die einen mehr, die anderen weniger. Auf dem Höhepunkt ihrer Sexualität können junge Männer, die sich hauptsächlich selbst befriedigen, viel Zeit in einem Zustand intensiver sexueller Erregung verbringen, der einer fast permanenten Erektion gleichkommt, wobei sich die stimulierende Handlung in ihrer Vorstellung abspielt. Diese Besessenheit nimmt allmählich ab, trotzdem sind diese Phantasien auch aus dem Leben von Erwachsenen nicht wegzudenken. Der Phantasie sind keine Grenzen gesetzt, und Männer wie Frauen malen sich die heißesten Szenen aus.

Frauen können sich zwar auch »puren Sex« vorstellen, aber meist entwerfen sie romantische Liebesgeschichten, die im Geschlechtsverkehr kulminieren. Männer- und Frauen-Phantasien lassen wesentliche Unterschiede erkennen, die sich durch die einfache Tatsache erklären, daß sich auch ihr sexuelles Verhalten unterscheidet. Interessanterweise treten in den Phantasien normaler, sexuell gesunder Männer immer wieder einige ganz bestimmte Themen auf, zu denen auch der bereits erwähnte Voyeurismus gehört. Voyeuristische Phantasien, also der Wunsch, sexuellen Handlungen als reiner Zuschauer beizuwohnen, werden viel häufiger von Männern als von Frauen beschrieben. So war es das höchste Ziel eines ansonsten eher zurückhaltenden Teen-

agers, den Körper eines Mädchens mit den Augen zu erkunden:

»Ich denke an ein Mädchen, das sich auszieht und mich....« (lange Pause) »...seine Brust anschauen... und mich zwischen seine Beine sehen läßt....« Hier mußte er innehalten, weil ihm die Sache so peinlich war.

Ein weitaus aufgeklärterer Dreißigjähriger beschreibt seine voyeuristische Phantasie mit den folgenden Worten: »Ich finde es außerordentlich stimulierend, mir vorzustellen, daß ich ein Paar beim Geschlechtsverkehr beobachte. Die beiden haben keine Hemmungen und probieren alle möglichen Stellungen aus, und ich kann aus nächster Nähe dabei zusehen.« Er fuhr fort, die Szene im Detail zu beschreiben, worauf wir hier verzichten wollen, denn solche Berichte kann man ja per Post ordern.

Eine andere, weit verbreitete männliche Phantasie hat ein äußerst sinnliches laszives Mädchen zum Inhalt, das nur darauf wartet, »genommen« zu werden. Offensichtlich ist sie ganz scharf darauf, es in jeder Stellung, die er sich erträumt, zu machen. Eine Variante dieses Grundthemas – das Liebesspiel zweier lüsterner Frauen – beschreibt ein 28jähriger Mann, seit drei Jahren verheiratet und Vater einer kleinen Tochter:

»Ich fürchte, es klingt ein bißchen extravagant. Ich träume davon, mit zwei wahnsinnig tollen Frauen in einem Bett zu liegen. Na ja, ich habe nicht mehr daran gedacht, seit ich verheiratet bin...« (Wirklich?) »... aber ich stelle mir also vor, wie ich mich einfach zurücklege und die beiden überall auf und über mir sind, ihren Po und ihre Brüste an mir reiben, ihre Zunge benutzen... und sich dann umdrehen... und.... Ich glaube, hier im Büro ist es etwas heiß, oder?«

Männer finden auch die Vorstellung zweier lesbischer Frauen, die sich vor ihren Augen lieben, überaus erregend. Der Homosexualität gegenüber haben sie ziemlich gemischte Gefühle. Ein Großteil empfindet Homosexualität als Bedrohung. Wenn sie herausfinden, daß einer ihrer Bekannten schwul ist, wissen sie mit dieser Information nichts anzufangen, und ihre Unsicherheit verleitet sie dazu, grobe Witze zu reißen. Die gleichen Männer aber nehmen weibliche Homosexualität nicht so ernst. Die Vorstellung zweier attraktiver sinnlicher Frauen, die einander küssen und liebkosen, erregt sie eher, als daß es sie abstößt. Männer sehen hierin keine Bedrohung, und im Hinterkopf haben sie wahrscheinlich den Gedanken, daß Frauen unschuldige und irgendwie kindliche Sexspiele veranstalten, um sich zu erregen, und daß sie erst einmal auf den Geschmack kommen müßten.

DIE SEXUALITÄT JUGENDLICHER

Von Geburt an ist die Sexualität ein fester Bestandteil menschlichen Erlebens, auch wenn sie sich bei Kindern sehr viel allgemeiner und direkter äußert. Kleine Kinder brauchen und erhalten körperliche und emotionale Nähe sowie Befriedigung durch den engen Kontakt mit anderen Menschen, sie werden in die Arme genommen, geliebkost, gestreichelt und geknuddelt. Kleine Jungen haben bereits eine Erektion, ein Phänomen, das ihre Neugierde weckt, und aus ihrem Verhalten kann man schließen, daß sie wohl so etwas wie ein angenehmes Prickeln empfinden. Angeblich haben Jungen auch schon vor der Pubertät orgasmus-

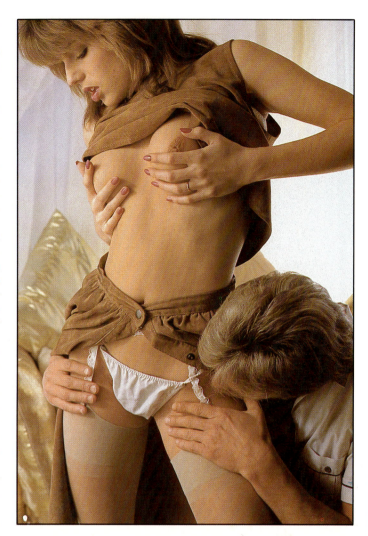

artige Erlebnisse; sie werden jedoch nicht von einer Ejakulation begleitet.

Kinder entwickeln eine riesige Neugierde für die verborgenen Körperteile anderer Jungen und Mädchen, sie sind fasziniert von »schmutzigen« Spielen und Worten. Ihr sexuelles Interesse entspricht ihrem Alter, und es erübrigt sich eigentlich zu sagen, daß die Ausnutzung kindlicher Sexualität durch einen Erwachsenen eine der übelsten Formen des Mißbrauches darstellt.

Die Pubertät bezeichnet die Phase, in der sich das Kind zu einem sexuell reifen Erwachsenen entwickelt, wobei der Körper binnen einiger Jahre unglaubliche Veränderungen erfährt. Bei Jungen nehmen die Genitalien an Größe zu, die Stimme wird tiefer, die Gesichts-, Körper- und Intimbehaarung entwickelt sich. Es ist eine turbulente Zeit, die in hohem Maße von der Sexualität bestimmt wird: Sehr viel Energie wird darauf verwandt, irgendwie mit den erwachenden sexuellen Regungen klar zu kommen – mit wechselndem Erfolg.

Rein körperlich betrachtet, haben diese gesunden jungen Männer den Höhepunkt ihrer sexuellen Leistungsfähigkeit erreicht. Im natürlichen Urzustand würden sie jetzt untereinander um die passendste Frau kämpfen. Die Gesellschaft hat diesen Urtrieb »gezähmt«, aber Überreste dieses biologischen Imperativs sind erhalten geblieben, etwa die Schnelligkeit der sexuellen Reaktion: Erwachsene Männer können durch eine Vielzahl von Stimuli äußerst schnell erregt werden – sie befinden sich sozusagen ständig in sexueller Alarmbereitschaft. Ein Großteil ihrer Gedanken dreht sich, oftmals gegen ihren Willen, um sexuelle Phantasien. Viele junge Männer sind gezwungen, heroische Anstrengungen zu unternehmen, die sich aufdrängenden Bilder großer Brüste oder weiblicher Genitalien zu ignorieren und sich beispielsweise auf ihr Examen vorzubereiten.

Der Anblick oder die körperliche Nähe einer sexuell attraktiven Frau löst nur allzu leicht die heftigsten Reaktionen aus. Spontane Erektionen – es scheint, als führe der Penis ein Eigenleben – sind quasi an der Tagesordnung und werden von den jungen Männern häufig als störend und peinlich empfunden: Sie sehen dann manchmal keine andere Lösung, als mit dem Bus noch ein oder zwei Haltestellen weiterzufahren. Häufig treten Erektionen am frühen Morgen auf. Ein junger Mann beschrieb dies mit den folgenden Worten: »Es ist ein Gefühl, als ob man morgens auf dem Campingplatz aufwacht und feststellt, daß man mit dem Kopf außerhalb des Zeltes liegt.« Der nächtliche Samenerguß ist offensichtlich ein natürliches Ventil für sexuelle Spannungen.

Solange sie ihre sexuelle Erregung nicht anders ausleben können, greifen junge Männer zum probaten Mittel der

Selbstbefriedigung. Bedauerlicherweise kommen bei vielen Jungen auch heute noch tiefe Schuldgefühle auf, wenn sie dem Masturbieren frönen.

Die ersten sexuellen Erfahrungen mit jungen Frauen sind für junge Männer bisweilen qualvoll, weil sie, wie zum Beispiel beim Petting, viel länger eine Erektion haben, als ihnen lieb ist und sie es bislang gewohnt sind. Der Drang zu ejakulieren kann so übermächtig werden, daß es sogar ohne eine direkte Stimulation des Penis zum Samenerguß kommt. Das alles soll jedoch nicht heißen, daß Jugendliche bei der ersten sich bietenden Gelegenheit mit einer Frau schlafen würden. Was sie abhält, sind sowohl soziale wie psychologische Vorbehalte. Es gibt Jungen, die sich aus religiösen Gründen entscheiden, erst nach der Heirat mit einer Frau zu schlafen und ihr auch ein Leben lang die Treue halten wollen. Aber selbst in solchen Fällen ändert sich nichts an der körperlichen Reaktion.

Im allgemeinen ist es jedoch so, daß junge Männer schneller zum Geschlechtsverkehr kommen wollen, als ihre Freundin es zuläßt. Das ungestüme, aggressive Verhalten eines Mannes wird einer harten Probe unterworfen, weil die Frau das Tempo vorgibt. Manchmal wollen Mädchen nur dasitzen und Händchen halten, umarmt werden oder Pläne für die Zukunft schmieden: Dem jungen Mann bleibt zumeist nicht viel anderes übrig als mitzumachen, auch wenn ihm bereits der Schweiß auf der Stirn steht.

Die Jungen scheinen allzeit bereit zu sein, während den Mädchen häufig weder der Ort noch der Zeitpunkt behagen. »Wir können es nicht hier machen!« oder »Nicht jetzt, sie können jeden Augenblick zurückkommen!« – es ist nicht schwierig zu raten, wer von den beiden so etwas sagt.

In diesem Alter bedarf es noch keiner besonderen Techniken, um den Partner sexuell zu stimulieren. Die Aussicht, die warme Hand des Mädchens um den Penis zu spüren, ist verlockend genug, um zwei Stunden Petting zu überstehen. Die jungen Männer wissen meist sehr genau, wieweit sie sexuell gehen wollen – anders als ihre Partnerinnen, die aus vielerlei Gründen oft das eine sagen und das andere tun. Dieses »Ich-weiß-nicht-Spiel« ist für den jungen Mann zum einen außerordentlich frustrierend, zum anderen irritie-

rend, vor allem wenn das Mädchen danach noch unglücklich ist und weint. Die unterschiedlichen Verhaltensweisen und Ziele kristallisieren sich bereits in dieser Phase heraus, und die jungen Frauen sollten versuchen, nur dann »ja« zu sagen, wenn sie »ja« meinen, und »nein«, wenn sie nicht wollen; das unterschiedliche Rollenspiel – ihre Weigerung und sein Versuch, sie zu überreden – sollte rechtzeitig in Betracht gezogen werden. Wenn eine Frau aber dennoch viel weitergegangen ist, als sie eigentlich beabsichtigte, sollte sie ihm danach keine Vorwürfe machen oder ihm die alleinige Verantwortung zuweisen: Es sind immer zwei mit von der Partie.

Die beste Lehrmeisterin der Liebe, die ein junger Mann haben kann, ist eine sinnliche und erfahrene Frau. Beim ersten Mal steht er unter so großer sexueller und gefühlsmäßiger Anspannung, daß er viel Verständnis und Sympathie braucht. Die frühen sexuellen Erfahrungen haben großen Einfluß auf die Entwicklung seines Selbstbewußtseins und sein weiteres Verhalten. Vorfälle wie der fast unvermeidliche vorzeitige Samenerguß müssen mit Verständnis behandelt werden. Eine erfahrene Partnerin könnte ihn darauf hinweisen, daß es keine Katastrophe ist, sondern daß es beim zweiten Mal langsamer gehen wird. Sie könnte auch die Gelegenheit nutzen, ihm sexuelle Umgangsformen beizubringen. So zum Beispiel, möglichst Stillschweigen zu bewahren. Die Versuchung, über seine Erfahrungen zu sprechen, mag noch so groß sein, aber er muß lernen, daß man einfach keine Namen nennt oder – schlimmer noch – es in alle Welt hinausposaunt. So etwas ist unreif und zeugt von »schlechtem Benehmen«. Manchen jungen Frauen würden seine Prahlereien nur schaden; sie sollten dann am besten folgende Strategie anwenden: Man macht ihm klar, daß man die Sache keineswegs ableugnen würde und auch nicht unglücklich wäre, wenn einem Indiskretionen zu Ohren kämen, weil sich die Aufregung nämlich gar nicht lohnen würde, da er im Bett eine glatte Null sei. Daß das nach Erpressung »riecht«, sollte einen nicht weiter stören.

Auch wenn sie sich als Herzensbrecher darstellen, sind junge Männer sehr unsicher, was ihre Sexualität betrifft. Sie können sich stundenlang Gedanken darüber machen, ob ihr Penis vielleicht eine komische Form hat, daß die Vorhaut nicht richtig zurückgeht oder eine Hode größer als die andere ist. Vielleicht haben sie sich auch an homoerotischen Spielen beteiligt oder häufig masturbiert und haben die schlimmsten Befürchtungen, weil es ihnen gefallen hat. Alle diese Ängste sind ein normaler Bestandteil der sexuellen Entwicklung.

DIE PSYCHOLOGIE DER MÄNNLICHEN SEXUALITÄT

Man hat häufig den Eindruck, daß Frauen Sex viel emotionaler und sensibler angehen als der Mann, der einfach nur körperlich reagiert. Nichts könnte weiter von der Wahrheit entfernt sein. Der oft zitierte Satz: »Der Verstand ist das wichtigste Sexualorgan!« ist überaus hilfreich, um die Sexualität des Mannes besser verstehen zu können. Was im Kopf vorgeht, hat einen weitreichenden Einfluß auf das, was weiter unten passiert, und Männer sind in dieser Hinsicht ziemlich verletzlich. Eine Frau kann von Anfang bis Ende den ganzen Akt vortäuschen: Sie kann zu müde sein, um erregt zu werden, oder sie hat einfach keine Lust – und doch braucht niemand außer ihr etwas davon zu merken. Sie kann alle erforderlichen Bewegungen und Geräusche sexueller Leidenschaft vortäuschen. Sie kann sogar so tun,

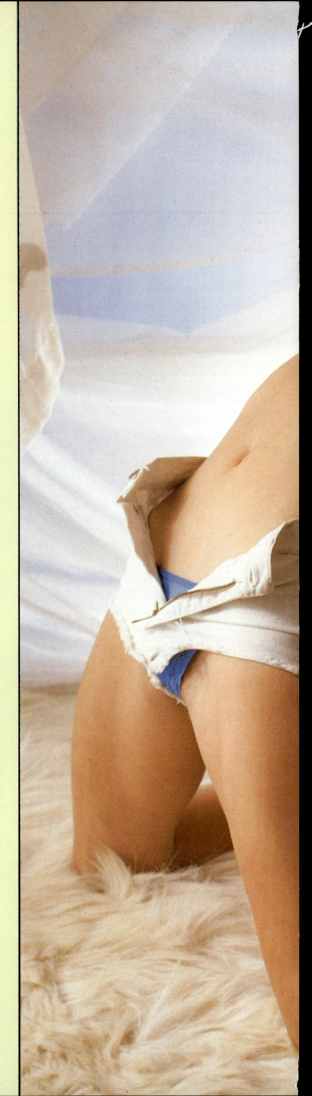

als habe sie einen Orgasmus, indem sie das obligate Stöhnen von sich gibt.

Aber ein Mann muß die körperliche Erregung tatsächlich verspüren – und wenn er keine Erektion hat, so ist es nur allzu offensichtlich. Es kann nur zu einer Erektion kommen, wenn Kopf und Körper sich in Einklang befinden, wenn die sexuelle Erregung ohne Angst oder Unsicherheit, nur um ihrer selbst willen spontan genossen werden kann. Wenn ein Mann zweifelt, ob er den Anforderungen seiner Partnerin genügt, oder befürchtet, daß eine spezielle Stellung erwartet wird, kann er sich nicht genügend entspannen. Ein Teil seines Kopfes rennt der ganzen Sache voraus, er macht sich Sorgen, ob sein Penis auch steif wird. Mit Argusaugen wird er also die Reaktionen seines Penis verfolgen – mit vorsichtigem Optimismus, sobald er leicht anschwillt, und mit großer Panik, sobald er wieder schrumpft. Das Fiasko ist damit so gut wie vorprogrammiert. Seine eigenen Reaktionen so verzweifelt zu beobachten, macht eine natürliche und spontane Erektion fast unmöglich. Ein Mann muß sich vollkommen sicher fühlen und darf keinen Gedanken daran verschwenden, ob sein Penis denn auch steif wird; er darf nichts anderes tun, als sich einfach nur dem Strom seiner Gefühle hinzugeben; die Natur wird ihren Lauf dann schon nehmen.

Immer mehr gesunde junge Männer suchen eine Sexualberatungsstelle auf, weil sie unangenehme Erfahrungen gemacht haben, die ihr Selbstbewußtsein dermaßen untergraben haben, daß die Vorstellung, mit einer Frau schlafen zu müssen, ihnen mehr Angst als Freude bereitet.

Die kastrierende Frau

Der große Psychoanalytiker Dr. S. Freud beschreibt unter anderem auch das Phänomen der männlichen Kastrationsangst. Kleine Jungen scheinen bereits sehr früh die Entdeckung zu machen, daß Mädchen im Genitalbereich nicht »vollständig« sind. Daher wächst bei ihnen die Angst, daß sie ihr Genital verlieren könnten, wenn sie nicht ausreichend aufpaßten. Diese kindlichen Ängste, die in der Vorstellung von der »kastrierenden Frau« kulminieren – ein wahrer Alptraum für jeden Mann – werden im Falle sexuellen Versagens wieder lebendig.

Diese Idee liegt auch der Vorstellung der »vagina dentata« – eine Vagina mit Zähnen! – zugrunde. Einen Mann, der unerschrocken genug ist, seinen Penis in diese Vagina zu stecken, erwartet ein Schicksal, das schlimmer ist als der Tod. Bevor man sich einer solchen Gefahr aussetzt, ist es natürlich besser, ganz auf die Sache zu verzichten. Genaugenommen bezeichnet der Begriff »Kastration« die Entfernung der Hoden, aber sich mit Definitionsfragen zu beschäftigen, wäre von einem Mann in einer solchen Streßsituation sicherlich zuviel verlangt.

In der Psychoanalyse finden sich komplizierte Theorien, die über diese sexuellen Ängste handeln. Hauptsächlich dreht es sich dabei um die Tatsache, daß die beste Freundin eines Jungen nicht gerade seine Mutter sein sollte; wie dem auch immer sei, manche Frauen können tatsächlich auf Männer bedrohlich wirken. Dies wird besonders deutlich am folgenden Beispiel einer Frau, die sich lauthals über ihren unnützen Gatten beklagte. Sie besaß wahrhaft gigantische Ausmaße, war fast doppelt so groß wie er und gab den Ton an. Sie brachte unzählige Beispiele für seine sexuelle Unzulänglichkeit vor, kein Wunder also, daß er nicht konnte, wenn sie ihm befahl: »Tu etwas!« Es muß jedoch betont werden, daß in den meisten Fällen von Impotenz, d. h. dem Ausbleiben der Erektion, die Partnerin keine Schuld trifft. Im Gegenteil – zumeist ist sie zärtlich, verständnisvoll und besorgt, und seine Reaktion erklärt sich vor allem aus seinen eigenen Ängsten.

Die sinnliche Frau

In einer Partnerschaft ist die ständige gegenseitige Versicherung, daß man einander noch liebt, von großer Bedeutung. Beide Partner sollten das eigene körperliche Vergnügen dem anderen transparent werden lassen, konstruktiv und nicht destruktiv den anderen kommentieren sowie lasziv und sinnlich sein – zwei Liebende, die sich ihren Empfindungen hingeben und sich von ihnen leiten lassen. All das wird durch körperliche Signale sehr viel überzeugender vermittelt als durch unentwegtes Reden.

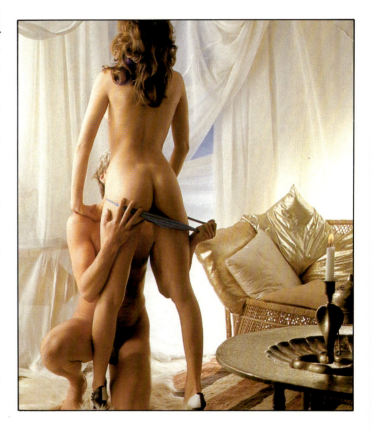

Ein Mann kann durch eine attraktive, empfängliche Frau ungeheuer erregt werden. Statt sich mit ausgefeilten Techniken aufzuhalten, wie sie in diesem oder jenem sexuellen Leitfaden beschrieben werden, streckt man sich besser auf dem Bett aus. Fordern Sie ihn auf, Sie anzusehen, Sie zu massieren und zu küssen. Schließen Sie Ihre Augen, lassen Sie Ihren Gedanken freien Lauf und geben Sie sich Ihren Empfindungen hin. Lustgefühle werden sich unweigerlich einstellen. Sagen Sie ihm, wie toll Sie es finden, bitten Sie ihn, Sie auf den Mund zu küssen und seinen Finger in Ihr Innerstes gleiten zu lassen. Lassen Sie sich Zeit! Sie können seine Hände ergreifen und ihn führen. Und sagen Sie ihm noch einmal, wie gut es Ihnen tut. Als Methode mag dies ja eher selbstsüchtig klingen, aber es dient nicht nur dem

eigenen Genuß: Ein Mann, der auf diese Art und Weise den Körper einer Frau fühlen und erkunden kann, wird unweigerlich selbst erregt. Lassen Sie ihn wissen, daß Sie es sexy finden, wenn Sie seine Hände auf und in sich spüren: Für Frauen ist diese Art der Stimulierung eine sehr lustvolle Sache.

Ein 39 Jahre alter Mann beschreibt, was ihn am meisten erregt: »Es ist schwer zu beschreiben, was sie macht; sie macht eigentlich nichts Besonderes, keine außergewöhnlichen Techniken, sondern sie ist einfach nur bei der Sache. Sie mag es, in die Arme genommen, geküßt und geliebkost zu werden. Ihr Körper fühlt sich so weich an und sie wird feucht, wenn ich meine Finger in ihre Vagina gleiten lasse. Das erregt mich mehr als alles andere.«

Auf der andern Seite kann eine widerstrebende Partnerin oder eine, die relativ unbeweglich daliegt, die sexuelle Erregung eines Mannes hemmen. »Ich liebe meine Frau, und ich beklage mich nicht, aber es bedrückt mich doch ein wenig... Ich habe das Gefühl, daß es ihr auch recht wäre,

wenn ich sie ganz in Ruhe ließe. Sie ist nie besonders erregt... Okay, vielleicht hat sie einen schwächeren Sexualtrieb als ich, und vielleicht bin ich überempfindlich, aber der Gedanke, daß sie eigentlich gar nicht will, daß sie mir nur einen Gefallen tut... Ich möchte mich ihr eigentlich nicht aufdrängen.«

Und hier noch ein besonders extremer Fall, den ein 55 Jahre alter Mann beschreibt: »Mit meiner Frau ins Bett zu gehen ist, als wenn man versuchen würde, einen Stockfisch zu umarmen... Letzte Nacht habe ich zu ihr gesagt, daß ich mich genausogut mit einem Holzbrett mit einem Astloch in der Mitte vergnügen könnte, und sie sagte: ›Naja, Du bist ja auch nicht Robert Redford.‹ Und ich erwiderte: ›Und Du nicht Bo Derek‹, aber das muß ja nicht bedeuten, daß es zwischen uns keine Zärtlichkeit zu geben braucht!«

»Gut im Bett zu sein« bedeutet nicht, daß Sie alle sexuellen Kniffe aus dem eff-eff beherrschen oder nackt auf dem Schlafzimmerteppich Rad schlagen müssen. Wenn Sie lasziv und bereitwillig sind, kann dies Ihrem Partner besonders viel Sicherheit verleihen und ihn erregen. Und es kann nicht schaden, wenn auch er bisweilen passiv sein kann.

Denn im allgemeinen wird vom Mann erwartet, daß er der Hauptakteur ist, daß er seine Partnerin überredet und erregt, daß er eine Erektion bekommt, sein Glied einführt und sie befriedigt, wobei ihn immer mal wieder die dumpfe Ahnung beschleicht, daß seine Aufmerksamkeiten gar nicht so erwünscht sind. All dies kann zu harter Arbeit ausarten. Wenn auch er manchmal nur einfach dazuliegen und zu genießen braucht, kann ihn das angenehm von seiner Verantwortung entbinden. Seine sexuelle Erregung wird dadurch häufig noch verstärkt. Lassen Sie ihn also wissen, daß auch er ohne schlechtes Gewissen passiv sein kann. Niemand verlangt von ihm, daß er eine Art Alleinunterhalter ist. Sagen Sie ihm, daß er sich zurücklehnen und nichts tun soll, außer seine Empfindungen zu genießen, während Sie Ihren Körper an seinem reiben, ihn überall küssen, rittlings auf ihm sitzen und selbst Ihre Klitoris mit kreisenden Bewegungen stimulieren. Packen Sie seine Handgelenke und führen Sie seine Arme über den Kopf: Halten Sie ihn fest und benutzen Sie seinen Körper, um sich selber zu erregen. Sagen Sie ihm, daß er nicht unbedingt mit Ihnen schlafen muß, denn schließlich ist das nicht unbedingt die

beste Methode für eine Frau, um einen Orgasmus zu erlangen. Als Frau benötigen sie eben auch die manuelle Stimulation, und Sie können jeden seiner Körperteile benutzen, um sich selber zu befriedigen. Sagen Sie ihm, wie schön es ist, wenn er das hören will. Es wird wohl kaum einen Mann geben, den ein solches Vorgehen nicht »anmacht« und sehr stark erregt. Auch wenn sein Penis sich bereits vollständig aufgerichtet hat, brauchen Sie nichts zu überstürzen. Erregen Sie ihn weiter nach Ihrem eigenen Gutdünken: Nehmen Sie Ihre Hände und Ihren Mund zur Hilfe. Fragen Sie ihn, was ihm gefällt. Fragen Sie ihn ganz direkt: »Gefällt Dir das?... Oder lieber so?« Machen Sie deutlich, daß, auch wenn Sie ihn gerne in sich spüren, er nicht aktiv zu werden braucht. Sie können sich rittlings auf ihn hocken und langsam seinen Penis mit der Hand einführen. Sie können dann ruhig sitzen bleiben oder aber sich bewegen – ganz wie Sie wollen. Flüstern Sie ihm Zärtlichkeiten zu. Genieren Sie sich nicht; kleine Obszönitäten können sehr aufregend sein – sie verbinden und stimulieren. Es braucht schließlich keiner davon zu erfahren.

Eine Frau, die ruhig und natürlich reagiert und ihre sexuelle Erregung zum Ausdruck bringt, kann eigentlich nichts

falsch machen. Aber es wurde schon so viel geredet, wie Leute reagieren sollen, daß manche Frauen verunsichert sind und manchmal übertriebene Verhaltensweisen an den Tag legen. So schreien und brüllen beispielsweise manche Frauen wie am Spieß, um ihrer Ekstase Ausdruck zu verleihen. Ein junger Mann hatte nach einigen überaus turbulenten Nächten mit solch einer Partnerin viel Ärger mit seinen Nachbarn:

»Sie ist eine großartige Frau, und wir haben viel Spaß zusammen, aber sie stöhnt und seufzt ununterbrochen. Ich mag das ja, aber sie wird immer lauter und kann richtig brüllen. Die Wände in meinem Apartment sind ausgesprochen dünn, und ich denke dann immer nur: ›Um Gottes Willen, die Leute unter uns müssen denken, ich würde jemanden umbringen.‹«

Machen Sie Ihrem Partner unmißverständlich klar, daß Sie voll bei der Sache sind. Es verletzt einen Mann außerordentlich, wenn seine Partnerin im kritischen Augenblick davon anfängt, daß die Decke in grün wirklich gut aussehen würde. Sicherlich, die sexuelle Leidenschaft läßt im Laufe der Zeit nach, und es wird immer Momente geben, in denen der Geschlechtsakt für Sie nicht immer ein ekstatisches Erlebnis ist, aber wenn Sie Ihren Mann wirklich lieben, ist Taktgefühl überaus wichtig. Dies ist keine Frage von Ehrlichkeit, sondern eine der Höflichkeit.

In vielen Pornoheften äußert sich die sexuelle Leidenschaft der Frau darin, daß sie ihre rotlackierten Fingernägel in den Rücken irgendeines Kerls schlägt. Dieses Beispiel vor Augen, gebärden sich einige Frauen im Bett wie eine Tigerin – zurück bleibt ein schwerverletzter Raubtierwärter. Dies ist beileibe keine gute Idee, und es ist mehr als fraglich, ob Männer es wirklich mögen, gekratzt und gebissen zu werden – es sei denn, sie sind Masochisten. Halten Sie sich vor Augen: Ihr Mann will nicht verweichlicht wirken und wird daher die Zähne zusammenbeißen, statt seinen Schmerz laut herauszuschreien.

AUSSEREHELICHER SEX

Verschiedene Umfragen ergaben, daß mehr als die Hälfte aller verheirateten Männer wenigstens einmal im Laufe ihrer Ehe eine Affäre hatten. (An dieser Stelle eine Warnung: Blicken Sie jetzt auf keinen Fall Ihren Mann an und fragen: »Hast Du jemals...?« Sie werden alle »nein« sagen, und zumindest die Hälfte ist dabei ehrlich.) Die Zahlen für verheiratete Frauen liegen niedriger – ungefähr ein Viertel, aber sie holen in den letzten Jahren auf.

Manche Leser sehen darin vielleicht einen Beweis für die Dekadenz der westlichen Welt und den Verfall moralischer Werte. Andere wiederum mögen auf dem Standpunkt stehen, daß niemand verletzt und kein Schaden angerichtet wird, wenn die Affäre mit absoluter Diskretion behandelt wird und der Partner weder auf seine Vorrangstellung noch auf die ihm gebührende Zuneigung und Rücksichtnahme verzichten muß. Für jede dieser beiden Sichtweisen gibt es gute Argumente.

Manche Paare geben sogar vor, eine »offene Ehe« zu führen, in der sie sich zwar gegenseitig auf eine ehrliche und loyale Beziehung festlegen, sich aber gegenseitig die Freiheit gewähren, einen Seitensprung zu begehen. Dies scheint ein äußerst attraktives Übereinkommen, um sexuelle Vereinnahmung, Eifersucht und Betrug zu vermeiden. Leider sieht die Praxis meist anders aus! Es hat den Anschein, als ob die Partner auf lange Sicht mit dieser Regelung nicht glücklich würden. Vielleicht ist es eben doch nötig, sich die Treue zu schwören und den Treueschwur ernst zu nehmen. Viele haben sich dieses Ideal aufs Banner geschrieben und es auch in die Tat umgesetzt. Aber wir sind alle nur Menschen mit unseren Schwächen und Fehlern; ob richtig oder falsch, gelegentlich können wir der Versuchung nicht widerstehen, vom Pfad der Tugend abzuweichen. Jeder, der sich einmal auf eine außereheliche Affäre eingelassen hat, kann seine eigene Geschichte erzählen. Wenn man

nach den Motiven fragt, so geben Männer und Frauen ganz unterschiedliche Gründe für ihre Seitensprünge an.

Frauen führen oft an, daß sich ihre Ehe in allzu eingespielten Bahnen bewegt, daß sie sich unbefriedigt oder einsam fühlen oder daß ihr Partner sie wie eine Selbstverständlichkeit hinnimmt, während der andere Mann ihnen wieder das Gefühl geliebt und begehrt zu werden gibt – sie finden bei ihm Rücksichtnahme und Zuwendung. Männer nennen als ihre Gründe häufig die Verlockung, im Bett etwas Neues zu erleben; mit ehelicher Frustration hat dies nur selten zu tun. Frauen sagen fast nie, daß sie einfach nur

mit einem anderen Mann schlafen wollten. Manche Frauen etwa geben an, daß sie den anderen Mann nur ausgesucht hätten, weil sie ihren eigenen Mann betrügen bzw. Rache nehmen wollten, um ihm seine Untreue heimzuzahlen. Er sollte endlich einen Eindruck davon bekommen, wie verletzt und ärgerlich sie sich gefühlt haben. Auch wenn man diese Handlungsweise nachvollziehen kann, solch ein Ränkespiel verbessert die Situation nicht: Sie schläft mit einem anderen Mann, obwohl sie eigentlich keine Lust dazu verspürt; der Ehemann wird schließlich, ganz gleich, was er sagt, das Gefühl haben, daß sein Verhalten auf gewisse Weise gerechtfertigt ist. (»Also, Du hast jetzt dasselbe getan. Wie kannst Du mich da noch länger kritisieren?«) Und der Dritte im Bunde diente dabei nur als Lückenbüßer. Von Männern hört man so gut wie nie, daß sie damit eine Reaktion ihrer Frau provozieren wollten. Im Gegenteil, sie setzen alles daran, um es vor ihr geheim zu halten. Natürlich gibt es auch Ausnahmen, aber zusammenfassend läßt sich feststellen, daß Männer eher das sexuell Neue reizt, das Abenteuer und Experiment. Viele Männer wollen ausschließlich Sex und keine neue Bindung.

Prostituierte bestätigen, daß es sich bei dem größten Teil ihrer Klientel um glücklich verheiratete Männer handelt, die ihre Frau und Kinder lieben. In einer heterosexuellen Beziehung werden dem Bedürfnis des Mannes, sich um des reinen Vergnügens willen in sexuelle Abenteuer zu stürzen, Grenzen gesetzt, allem Anschein nach vor allem durch das die Verbindung stabilisierende weibliche Element. Männliche Homosexuelle können viel eher ihre Sexualität frei ausleben. Sie haben deshalb weitaus mehr sexuelle Kontakte.

Es muß betont werden, daß die bisherigen Ausführungen einen stark verallgemeinernden Charakter haben. Viele

Männer haben sich aus religiösen, moralischen oder praktischen Gründen für die Treue entschieden, dennoch gibt es primitive Instinkte, die immer noch eine große Rolle spielen. Frauen sollten dies unbedingt im Kopf behalten, wenn sie die unerfreuliche Entdeckung machen, daß ihr Mann in eine Affäre verwickelt ist oder war. Das zunächst beherrschende Gefühl, verletzt und hintergangen worden zu sein, läßt sich ebenso wenig unterdrücken wie die demütigende Erkenntnis, daß vor diesem Hintergrund einige seiner eigenartigen Verhaltensweisen plötzlich Sinn machen. Das Gefühl ohnmächtiger Wut, weil Sie allen seinen lahmen

Entschuldigungen Glauben geschenkt haben, wird sich genauso unweigerlich einstellen wie die Erinnerung an all die ungewöhnlichen Vorkommnisse, die Sie damals so verwirrt haben. In der ersten Erregung können keine vernünftigen Entscheidungen getroffen werden, egal was Sie ihm an den Kopf werfen. Wenn die Tränen und die erste Aufregung abgeebbt sind und Sie wieder klar denken können, sollten Sie hören, was er zu sagen hat. Es ist durchaus möglich, daß er wider besseres Wissen einfach nur die Gelegenheit ergriffen hat, eine neue sexuelle Erfahrung zu machen – und das war schon alles. Das ist natürlich keine Entschuldigung, aber es ist bereits ein großer Schritt auf dem Weg zum Verständnis. Wenn Sie in Ihren Überlegungen soweit gediehen sind, können Sie sich nach einiger Zeit fragen: »Wie stehe ich jetzt dazu?«, und Sie werden nunmehr gefaßt und ruhig darauf antworten können: »Am liebsten würde ich ihm den Hals umdrehen.« Für diese Probleme gibt es keine einfache Lösung. Nur die sorgfältige Abwägung aller Faktoren innerhalb einer Beziehung sowie genügend Zeit zum Nachdenken geben den Partnern die Chance einer sachlichen Einschätzung des Vorgefallenen, und die Möglichkeit, eine vernünftige Entscheidung zu fällen.

Lassen wir einmal außer acht, ob ein solches Abenteuer grundsätzlich anzuraten ist, aber falls Ihr Liebhaber ein verheirateter Mann ist, so gibt es bestimmte Verhaltensregeln, die Sie beachten müssen und die hauptsächlich aus »Man soll nicht!« bestehen.

Es ist eigentlich überflüssig darauf hinzuweisen, daß Sie ihn unter keinen Umständen zu Hause anrufen oder aufsuchen dürfen. Unweigerlich wird der Telefonhörer am anderen Ende auf die Gabel gelegt, wenn sich eine Frauenstimme meldet, oder Sie erhalten zum wiederholten Mal die Auskunft, falsch verbunden zu sein – all dies hinterläßt einen unangenehmen, schalen Nachgeschmack. Schreiben Sie ihm niemals, und kommen Sie nicht auf die Idee, seine Jacke in die Reinigung zu bringen. Sie vermeiden gleichfalls eine Menge Ärger, wenn Sie weder Parfüm noch Lippenstift benutzen. Sie müssen ebenfalls darauf achten, keine blonden Haare auf seinem Jackett zurückzulassen, insbesondere dann nicht, wenn seine Ehefrau dunkelhaarig ist – es sei denn, er züchtet Golden Retrievers. Zu guter Letzt: Seien Sie nicht allzu tief verletzt, wenn er während einer leidenschaftlichen Umarmung wie zufällig auf seine Uhr blickt und etwas Unverständliches murmelt.

VERFÜHRUNG

Auf der Suche nach der sexuell attraktiven Frau

Es ist relativ einfach, die landläufige Vorstellung von einer sexuell attraktiven Frau wiederzugeben. Beinahe jeder Schuljunge kann diese Abziehfigur beschreiben: ein Pin-up Girl, wie es in Tausenden von Männerspinden hängt, zumeist nicht die Frau von nebenan.

Bei dieser Phantasiegestalt handelt es sich oft um eine 20jährige Blondine mit großen, festen Brüsten, schmaler Taille und langen, wohlgeformten Beinen. Stellen Sie sich einmal vor, diese Bilderbuchschönheit schlendert die Straße entlang mit nichts anderem angetan als einem engen Paar Shorts und einem knappen T-Shirt. Sie würde sich zweifelsohne als ein erhebliches Sicherheitsrisiko erweisen: Es hat sich sicherlich schon mehr als ein Autounfall ereignet, weil die Aufmerksamkeit des Fahrers auf diese Art abgelenkt worden ist. Ein schon in die Jahre gekommener,

korpulenter Arbeiter auf einem Baugerüst in zehn Metern Höhe mag sich da schon sicherer wähnen und nimmt sich die Freiheit, der Schönen nachzupfeifen und ihr obszöne Bemerkungen hinterherzurufen. Das kann ihr aber auch ebenerdig passieren, weil die männlichen Passanten sich so ihre Gedanken machen. Mädchen, denen so etwas zustößt, tun manchmal blasiert oder sind wirklich irritiert, zumeist setzen sie tapfer ihren Weg fort. Es wäre undenkbar und würde die Spielregeln verletzen, wenn sie plötzlich anhielte und eine zweideutige Bemerkung mit der Aufforderung konterte: »Okay, laß sehen, wie groß Deiner ist.«

Wie dem auch immer sei, solche Frauen üben auf Männer eine große Anziehungskraft aus. Vielleicht liegt es daran, daß Männer ständig auf der Lauer liegen. Bei diesem Phänomen handelt es sich um die Überreste primitiver Triebe, die fast automatisiert sind: Empfängt der Mann ein Signal, reagiert er. Dieser Trieb führt in unseren Breiten gewöhnlich nicht zur Aufnahme einer Beziehung, also: Gönnen Sie Ihrem Mann das bißchen Vergnügen hinzuschauen, wo immer er will.

Den Köder auswerfen

Es gibt jedoch eine ganze Reihe von Frauen, die keineswegs wie ein Pin-up Girl aussehen, und dennoch eine große Faszination auf die Männerwelt ausüben. Sie haben keine bestimmte Größe, ihr Aussehen ist ebenfalls sehr unterschiedlich und ihr Alter spielt auch keine Rolle. Was macht sie so sexy? Ein Großteil ihrer sexuellen Attraktivität liegt in ihrem persönlichen Charisma verborgen und kann deswegen nicht analysiert werden. Zweifelsohne wenden sie aber auch bestimmte Strategien an, die sexuelle Botschaften beinhalten. Es kann äußerst lehrreich sein zu beobachten, wie diese Frauen vorgehen. Eine solche Frau ist Jennifer, 35 Jahre alt und eigentlich nur eine durchschnittliche Erscheinung. Wenn man sie fragt, wie sie es anstellt, tut sie ganz unschuldig – häufig die erste Reaktion auf so eine Frage. Sie ist jedoch alles andere als dumm, und als sie mit Tatsachen konfrontiert wird, gibt sie es zu – ja sie weiß, daß sie immer viel Interesse hervorruft und daß es bestimmte Konstanten in ihrem Verhalten gibt, auf die sie sich verlassen kann. Der Versuch, diesen Mechanismus näher zu beschreiben, erwies sich jedoch als schwierig, da vieles auf ihrer Intuition beruhte – es ergibt sich auf ganz natürliche Art und Weise. Diese augenfällige Natürlichkeit ist denn auch eine der Grundlagen. Eine gewisse Subtilität, sprich Unschuld, muß mit im Spiel sein; wir alle wissen doch ganz genau, wie ein Mädchen auf uns wirkt, daß es nur darauf anlegt, sexy zu erscheinen.

Nach einigem Nachdenken entschied sich Jennifer für folgende Erklärung: Sie schaffe es irgendwie, Männer fühlen zu lassen, daß sie attraktiv seien. Ihre Kunst besteht vor allem darin, bei Männern ein Gefühl zu erzeugen, dessen sie sich angeblich selbst noch gar nicht bewußt ist – der Mann bemerkt also noch vor ihr, daß er sie in seinen Bann geschlagen hat. Und er wird nie das Gefühl haben, daß er ihr auf den Leim gegangen ist. Das hängt sicherlich mit ihrer Arglosigkeit zusammen. Diese Art der sanften Annäherung ist immer noch die beste. Natürlich gibt es Männer, denen es lieber ist, wenn eine Frau ihnen eindeutige Angebote macht – und Frauen, die diese Strategie beherrschen. Aber allem Anschein nach gefällt es Männern besser, wenn sie das Gefühl haben, den Lauf der Dinge zu bestimmen.

Blickkontakt

Der Blickkontakt gehört zu den wichtigsten Bestandteilen der sexuellen Kommunikation. Ein großer Teil der Informationen zwischen Männern und Frauen wird durch einen kurzen direkten Blick, der nur Bruchteile länger als eine Sekunde ist, übermittelt. In einem überfüllten Raum zum Beispiel kann so der erste Schritt getan werden. Man sollte es allerdings nicht übertreiben: Starren Sie ihn nicht an – er wird sich beobachtet fühlen und ihm wird unbehaglich.

Für den Augenkontakt gibt es gewisse Regeln und Vorschriften, die wir alle erst erlernen mußten. Kleine Kinder haben keine Hemmungen, jeden intensiv anzustarren, der ihre Aufmerksamkeit geweckt hat. Ihnen wird dann von den Eltern ins Ohr geflüstert: »Starr nicht die Leute an, das ist ungezogen!« Warum es eigentlich ungehörig ist, wird nicht weiter erklärt. Erwachsene versuchen auf verschiedene Art und Weise direkten Blickkontakt zu vermeiden, vor allem unter Umständen, die enge körperliche Nähe mit sich bringen, beispielsweise in einer überfüllten U-Bahn. Es ist nicht immer angenehm, im steten Blickpunkt eines anderen zu stehen. Sogar im privaten Zwiegespräch behalten diese Regeln ihre Gültigkeit. Der Blickkontakt kann aufrecht erhalten werden, solange man spricht oder zuhört, aber sobald die Unterhaltung stockt, wird der Blickkontakt abgebrochen und erst wieder aufgenommen, wenn das Gespräch weitergeht.

Diese eher formalen Regeln müssen, wenn das Interesse eines anderen bewußt geweckt werden soll, erweitert werden. Es kann kein Zweifel daran bestehen, daß es sich bei direktem Blickkontakt um eine sehr intime Angelegenheit handelt, wenn er nicht durch besondere Umstände gerechtfertigt ist – und genau das kann man sich zunutze machen.

Körpersprache

Intimität wird durch körperliche Nähe verstärkt, und diese läßt sich auf völlig harmlose Art und Weise arrangieren. Dieser junge Technische Zeichner ist ganz offensichtlich in die Falle getappt:

»Da gibt es eine Frau im Büro, die mich in den Wahnsinn treibt. Sie ist eine tolle Frau und es macht Spaß, mit ihr zu reden, und sie macht ihre Arbeit wirklich gut, interessiert sich für alles. Irgendwann saß ich hinter meinem Schreibtisch und ging einige Pläne durch, als sie hinter mich trat und sich vorbeugte, um mir über die Schulter zu schauen. Sie fragte mich nach Abmessungen oder irgendwas, und ich konnte nur daran denken, daß sie ihre linke Brust gegen meine Schulter preßte... Mir kam ein Hauch ihres Parfums in die Nase... Ihr war einfach nicht bewußt, welche Ausstrahlung sie hatte; andernfalls würde ich sie wegen ›sexueller Quälerei‹ anzeigen. Mir war danach zumute, sie in die Arme zu schließen... aber dann hätte sie sicherlich gedacht, daß ich völlig verrückt geworden bin.«

Der interessante Punkt in seiner Erzählung ist seine feste Überzeugung, sie wußte nicht, was sie durch ihre Körpersprache überträgt. Und sie hat dafür gesorgt, daß die Unterhaltung zwar freundlich, aber völlig geschäftsmäßig verlief und den geschäftlichen Dingen ihre volle Aufmerksamkeit entgegengebracht. Ihre provozierende körperliche Annäherung vollzog sich scheinbar ganz unbewußt. Aus diesem Grund wäre sie vermutlich irritiert und verblüfft gewesen, wenn sie auf ihre scheinbar offensichtliche Einladung eine glatte Zusage erhalten hätte.

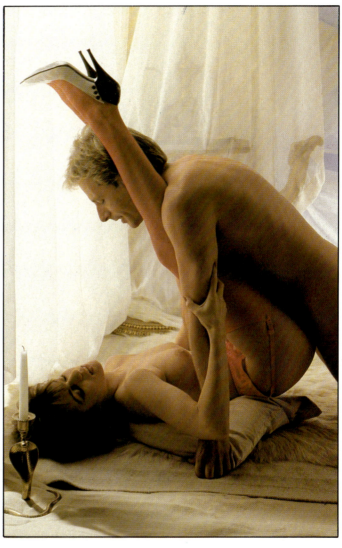

In dieser Phase ist es ratsam, seine Absichten nicht in Worte zu fassen: Wenn ein Mann sich Ihrer Körpersprache gegenüber als immun erweist, haben Sie nichts verloren. Sie können Ihre Kontaktfreudigkeit als unbewußten Teil Ihrer herzlichen Persönlichkeit abtun.

Nur am Rande sei bemerkt, daß diese verschiedenen Ebenen und Strömungen der Kommunikation nicht auf Unehrlichkeit oder gar einen intriganten Charakter schließen lassen: Eine Frau kompromittiert sich nicht, wenn sie sich auf solche Spiele einläßt. Diese kleinen Intrigen sind außerordentlich komplex. Der Versuch, von einer »erhöhten« Plattform aus daran teilzunehmen – also ohne Umschweife Ihre Intentionen klarzumachen und eine direkte Antwort zu erwarten –, bringt die delikate Balance solcher Vorgänge durcheinander und endet nur allzu oft in einem Desaster. Oft dienen solche Flirts dem reinen Vergnügen, ohne daß die Beteiligten eine Beziehung anfangen wollen.

Sexuelle Stimulation

Es herrscht kein Mangel an »Wie mache ich es richtig?«-Büchern, in denen auf äußerst anschauliche Art und Weise

beispielsweise die besten Masturbationstechniken oder etwa die Schubkarren-Stellung beschrieben werden. Einige dieser Publikationen sind bisweilen ganz amüsant, manchmal bringen sie einen auch auf Touren – erotische Bilder zu betrachten oder erotische Literatur zu lesen, kann bereits sehr stimulierend sein. Man liest sie weniger wegen ihrer Informationen, sondern ganz einfach, um sich in Schwung zu bringen. Das ist okay. Allerdings ist die Kunst der sexuellen Stimulation viel zu komplex, als daß man sie in der Art eines Heimwerker-Leitfadens darbieten könnte.

Auch wenn man dem Rezept in einem Kochbuch genau folgt, garantiert das noch lange keine ungeteilte Gaumenfreude. So kann zum Beispiel die Kunst des Brotbackens haargenau beschrieben sein – zahlreiche Bilder verdeutlichen, wie der Teig zu kneten ist, wie lange er gehen muß, wann er zu wenden ist, welche Temperatur er braucht und wie lange er gebacken werden muß. Aber probieren Sie es einmal aus, und Sie werden feststellen, daß der Teig selten reagiert, wie er sollte. Nur durch Übung, Übung und nochmals Übung kann man zur Meisterschaft gelangen.

Dies gilt in noch weit größerem Maße für den Bereich der Sexualität, die so viel mehr ist als das bloße Wissen um Liebestechniken; es geht dabei um eine komplexe Beziehung zu einem anderen Individuum, dessen Gefühle eine

wichtige Rolle spielen. Ein wesentlicher Faktor in der Kunst der sexuellen Stimulation ist die natürliche Begabung des einzelnen. Der Psychologe Dr. Glenn Wilson hat einmal geschrieben, daß die Stimulierung einer Frau bis zum Orgasmus eine Kunst ist, die genauso erlernt werden muß wie das Klavierspiel. Aber es ist eine Tatsache, daß die Menschen unterschiedlich begabt sind. Manche haben ein solch feines Gespür für Musik, daß sie zu den kühnsten Improvisationen fähig sind, während andere trotz besten Willens und teueren Unterrichts immer noch mit zwei Fingern herumklimpern – eine Vorstellung, die ausreicht, einem die Tränen in die Augen zu treiben.

Trotzdem können einige Richtlinien aufgezeigt, Hinweise gegeben bzw. Vorschläge gemacht werden, denn die meisten können mittels Theorie und Praxis nicht nur ihre Kenntnisse erweitern, sondern auch ihre Fähigkeiten verbessern. Viele Männer finden gewisse Accessoires sexuell außergewöhnlich stimulierend. Strumpfbänder und -halter können ganz besonders sexy sein. Wenn Sie Ihrem Mann die Möglichkeit bieten, mit der Hand an Ihren Nylonstrümpfen hochzugleiten und oben das bloße, kühle Fleisch zu fühlen, haben Sie bereits gewonnen. Es sind meistens die

Männer, die ihre Partnerin auffordern, aufregende Dessous zu tragen. Immer noch finden sich allerdings Frauen, denen bei dem Gedanken an Dessous unbehaglich zumute ist.

Seien Sie nicht so schüchtern! Stellvertretend für viele andere beschreibt im folgenden ein glücklich verheirateter Mann seinen Traum von einer Frau in schwarzem Satin:

»Ich finde meine Frau sehr sexy. Sie besteht nicht nur aus Haut und Knochen wie so manche andere. Ich stelle mir vor, daß sie diese durchsichtigen schwarzen Schlüpfer trägt, die unten offen sind, sowie einen Strumpfhalter und schwarze Nylons. Wenn sie so vor mir auf- und abgehen würde... sich vorbeugen würde. Das würde mich ungemein erregen. Ich habe schon einmal versucht, es ihr vorzuschlagen, aber sie sagte, daß sie sich dabei irgendwie blöd vorkommen würde ...«

Eigentlich schade, denn es ist keinesfalls erniedrigend, wenn man seine Phantasien auch in die Praxis umsetzte. Vergessen Sie nicht: Sex ist keine bierernste Angelegenheit!

Eine Frau, die sich in einer Stellung präsentiert, die unmißverständlich als sexuelle Einladung verstanden wird, löst beim Mann einen Mechanismus aus, der ihn sexuell reagieren läßt. Diese Tatsache machen sich beständig die einschlägigen Männermagazine zunutze: Seite für Seite rassige Frauen, die auf provozierende Art ihre Genitalien zur Schau stellen. Männer reagieren auf solche Bilder, und als Frau können Sie daraus im Schlafzimmer Gewinn ziehen. Mißverstehen Sie dies nicht: Sie können sich in der Öffentlichkeit so korrekt und zugeknöpft geben, wie immer Sie wollen – Ihr Privatleben mit Ihrem Mann geht schließlich keinen was an.

Direkte Stimulierung des Penis steigert die sexuelle Erregung. Ihr Mann wird zwar wissen, wie er sich selbst am besten erregen kann – das gehört zu den Dingen, die man schon als Jugendlicher lernt –, aber zu sehen und zu fühlen, wie seine Partnerin sein Glied in ihre Hände nimmt, kann unendlich lustvoll für ihn sein. Allerdings müssen Sie diese Fähigkeit erlernen. Bei unbeschnittenen Männern ist die Eichel – der Teil, der sichtbar wird, wenn man die Vorhaut zurückschiebt – sehr empfindlich und ungeschickte Handhabung schmerzhaft. Am besten man fragt ihn, wie er es gern hätte. Das allein kann schon sehr aufregend sein. Exhibitionistische Neigungen sind bei Männern ziemlich häufig, und allein die Tatsache, daß jemand zuschaut, kann ihn stimulieren.

Auch indirekte Stimulierung ist hocherotisch: Wenn Sie ihn fest an sich drücken und seinen erigierten Penis mit Ihrem Körper massieren, steigert das die Lust.

Ein Großteil der sexuellen Empfindung ist taktil (berühren und fühlen): Seinen Penis mit Creme oder Öl einzureiben, ist ein äußerst sinnliches Vergnügen. Oder nehmen Sie Speichel zur Hilfe. Oraler Verkehr ist überaus intim, aber ohne jeden Zweifel führen sanfte, feuchte Lippen im Zusammenspiel mit der Zunge, die an der Eichel leckt oder saugt, zu höchster Erregung. Und das liegt auf der Hand: Das Gefühl der feuchten, warmen Vagina ist sexuell äußerst stimulierend, und genau das läßt sich mit dem Mund erreichen. Es bleibt jedem Paar selbst überlassen, ob und wie intensiv es mit oralem Sex experimentieren will, es kann jedenfalls eine tolle Sache sein.

ALLGEMEINE PROBLEME

Die Mehrheit aller Männer hat so ihre eigenen Sorgen und Probleme, wenn es um Sex geht. Immer noch existiert die soziale Erwartung, daß Männer sexuell dominant und besonders aktiv im Bett sein sollen. Junge Männer prahlen mit ihren sexuellen Abenteuern und spielen auf sexuelle Erfah-

rungen an, die sie oft gern gemacht hätten. Nur allzu häufig sind sie sich ihrer sexuellen Potenz keineswegs so sicher, und unbedachte Kommentare oder Bemerkungen über ihre armseligen Liebeskünste können dem manchmal fragilen männlichen Ego einen vernichtenden Schlag versetzen. Anders als Frauen fühlen sich Männer gezwungen, ihre Ängste und Sorgen bezüglich ihrer sexuellen Fähigkeiten für sich zu behalten. Sie neigen nicht dazu, diese Probleme in einer Männerrunde auszudiskutieren und leiden im geheimen an ihrer vermeintlichen sexuellen Unzulänglichkeit. Viele junge Männer sind sich unsicher in bezug auf die Größe – oder wie sie es sehen, die nicht ausreichende Größe – ihrer Geschlechtsorgane.

Briefe an den »Kummerkasten«, in denen deshalb um Rat gefragt wird, können den Leser wirklich betroffen stimmen. So hatte ein ratsuchender 21jähriger Mann die Befürchtung, daß eine attraktive Frau seine Geschlechtsorgane nur auslachen würde, wenn sie diese sähe; verzweifelt wollte er wissen, ob es ein Medikament, eine Übung oder sonst anderes gäbe, wodurch sich sein Penis vergrößern ließe. Wörtlich schrieb er: »Ich mache mir große Sorgen wegen meines

zu kleinen Penis. Das bedeutet doch, daß ich keine sexuelle Beziehung haben kann, weil ich keine Frau befriedigen kann. Ich habe einiges gespart und bin bereit für alles zu zahlen, was mir helfen könnte.«

Was er bräuchte, wäre eine Seelenmassage und die Gewißheit, daß es nichts mit der Größe des Penis zu tun hat, ob ein Mann ein guter Liebhaber ist. Männer haben bezüglich ihrer Geschlechtsorgane mehr Sorgen als Frauen, auch wenn viele Leute beiderlei Geschlechts grobe Witze über dieses Thema reißen. Eine Frau verliebt sich in den Mann, die Person, und wenn sie ihn liebt, dann liebt sie auch seinen kleinen Penis. Sie weiß, daß ihre eigene sexuelle

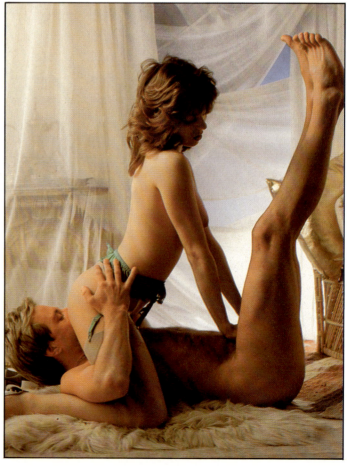

Befriedigung nicht nur vom Geschlechtsverkehr abhängt: Wenn sie einen Orgasmus haben will, muß auch ihre Klitoris stimuliert werden. Ein Penis von Aststärke ist kein Garant für eine erfolgreiche Liebesbeziehung. Stellt sich nämlich heraus, daß ein solchermaßen gesegneter Mann ein grober und rücksichtsloser Kerl ist, wird ihn jede Frau, die auch nur einen Funken Verstand besitzt, zum Teufel schikken. Manchmal beklagen sich Frauen, daß das Glied ihres Mannes oder Liebhabers zu groß ist, so daß der Verkehr schmerzhaft ist – aber sie beklagen sich nie, daß es zu klein ist; sie stellen eher fest, daß sein Verstand oder sein Taktgefühl etwas zu kurz gekommen sind. Falls Ihr Mann sich Gedanken über die Größe seines Penis machen sollte, beruhigen Sie ihn: Aber übertreiben Sie nicht – es ist wirklich nicht so wichtig.

Ob sie in der Lage sind, eine Frau zu »befriedigen«, ist die geheime Sorge vieler Männer. In einer echten Liebesbeziehung kann der Mann seine Partnerin fast immer befriedigen. Er muß allerdings eine realistische Vorstellung davon haben, was das bedeutet. Wenn er sich aber vorstellt, daß sie jedes Mal zu einem erdbebengleichen Orgasmus gelangen muß, dann hat er die falschen Bücher gelesen. Machen Sie ihm klar, daß die meisten Frauen nicht jedes Mal einen Höhepunkt erreichen und daß daraus nicht notwendigerweise ein Gefühl der Nichtbefriedigung oder Frustration entsteht.

SPEZIFISCHERE PROBLEME

Darüber hinaus gibt es noch andere Probleme, die, falls man sie ignoriert, einen Mann völlig demoralisieren können.

Impotenz

Die Unfähigkeit, eine Erektion zu erlangen beziehungsweise aufrecht zu erhalten, um einen befriedigenden Beischlaf durchzuführen, wird als Impotenz bezeichnet. Im Laufe ihres Lebens erleben die meisten Männer ein- oder zweimal eine Phase der Impotenz. Das kann alle möglichen Ursachen haben: einfach nur Müdigkeit, Überarbeitung oder zuviel Alkohol – das Glas zuviel, das die mangelnde Erektion verursacht, bezeichnet man gewöhnlich als »Winzers Abschlaffer«. Es kann auch sein, daß die sexuelle Stimulation nicht intensiv genug ist, oder der Mann weiß nicht genau, ob es wirklich der richtige Augenblick für Sex ist, und das hemmt ihn. Was auch immer der Grund sein mag, die meisten Männer sind sich ihrer sexuellen Potenz so sicher, daß sie sich nicht weiter den Kopf zerbrechen und bald ist wieder alles beim alten. Besonders empfindsame Seelen können jedoch einen Knacks davontragen und danach ständig in der Angst leben, wieder zu versagen. Statt ihre sexuellen Empfindungen zu genießen, wodurch sich eine Erektion spontan und natürlich einstellen würde, sorgen sie sich, daß es vielleicht nicht klappen könnte. Der bloße Gedanke an den Geschlechtsverkehr wird zu einer beängstigenden Angelegenheit, jeder Mißerfolg bestärkt sie in ihrer eingebildeten sexuellen Unzulänglichkeit.

Der Fall eines 43jährigen Mannes ist typisch. Herr E. durchlebte eine normale Kindheit und Jugend; nach dem Ende seiner Schulzeit nahm er eine Arbeit in einer Tierfutterfabrik auf. Mit 27 Jahren heiratete er, seine Ehe beschrieb er als glücklich und normal. Das heißt, sie hatten die üblichen Kämpfe und Konflikte erlebt und waren nun zur Ruhe gekommen. Er beschreibt sich selber als durchschnittlichen Menschen, als mittelmäßigen Schüler, der Freunde hatte und auch sonst gesellig war. Nur etwas machte ihm zu schaffen, vor allem während der Pubertät: seine Neigung zu erröten! Inzwischen stellte das kein Problem mehr dar, aber er erinnerte sich mit einer gewissen Belustigung daran, wie ihm jedesmal die Röte ins Gesicht stieg, wenn seine Kumpel auf seine Kosten einen Scherz machten. Deswegen, so sagt er, war er auch immer schüchtern im Umgang mit Mädchen.

Sein sexueller Hintergrund entsprach dem vieler anderer, es ließen sich keine größeren traumatischen Ereignisse oder vernichtende Erfahrungen ausmachen. Er hatte die üblichen sexuellen Probleme und im Laufe der Jahre hin und wieder kurze Phasen von Impotenz. Nach einer schweren Grippe und einer größeren Krise am Arbeitsplatz spitzte sich die Sache zu. Herr E. beschreibt sein gegenwärtiges Sexualleben wie folgt: »Mein Penis scheint einfach nicht mehr so hart zu werden wie früher, und manchmal wird er überhaupt nicht mehr steif. Wenn ich das Gefühl habe, daß er sich etwas aufrichtet, dann denke ich direkt, vielleicht ist diesmal wieder alles in Ordnung, aber ich fürchte... ich weiß im Hinterkopf, daß es nicht klappen wird. Es ist furchtbar. Wenn ich nur die geringste Ahnung hätte, woran es liegt... wenn ich herausfinden könnte, was mit mir nicht stimmt. Es hat mich soweit gebracht, daß ich es inzwischen schon gar nicht mehr versuche. Meine Frau sagt nicht viel.

Sie hat mich gebeten, mir keine Sorgen zu machen, aber trotzdem mache ich mir welche. Sie fragte, ob es an ihr liegt. Sie denkt, daß sie vielleicht etwas falsch macht oder nicht sexy genug ist, um mich zu erregen. Aber ich weiß, daß es nicht ihre Schuld ist. Es liegt an mir. Sie hat einmal im Scherz gesagt, daß ich es vielleicht einmal mit jemand anderem probieren sollte, und ich hätte ihr fast den Kopf abgerissen. Es macht mich inzwischen wirklich fertig, daß ich noch nicht einmal mehr zu dem in der Lage bin, was jeder ordentliche Mann kann. Ich mache bei allem mit, auf der Arbeit, in der Kneipe, bei den Witzen und all dem, aber über mir hängt die ganze Zeit diese schwarze Wolke.«

Im folgenden einige Auszüge aus dem Gespräch von Herrn E. mit seinem Therapeuten (T).

T.: Haben Sie zur Zeit überhaupt noch Geschlechtsverkehr?
Herr E.: Also, ich glaube, wenn ich eine Zahl nennen müßte – in einem von drei Fällen. Aber ich versuche, nur mit einer halben Erektion einzudringen. Es ist nicht mehr so, wie es war. Es ist nicht einmal mehr dasselbe Gefühl. Meine Gefühle haben sich geändert. Ich komme mir wie ein Idiot vor, wenn ich einzudringen versuche und nicht einmal ein steifes Glied habe.
T.: Wie fühlen Sie sich bei diesen Versuchen?
Herr E.: Furchtbar. Aber wenn ich ganz aufgeben würde, dann wäre ja wohl alles gelaufen.
T.: Haben Sie jemals eine spontane Erektion, eine Erektion

an einem unangebrachten Ort oder zu einem unpassenden Zeitpunkt?
Herr E.: Nicht so oft wie früher, aber gelegentlich merke ich, daß ich – ehmm – einen Steifen habe.
T.: Sind Sie in der Lage zu masturbieren?
Herr E.: Es ist ziemlich peinlich, nicht wahr? Ja, muß ich ja, denn zu allem anderen bin ich ja nicht mehr in der Lage.
T.: Haben Sie dabei einen Samenerguß?
Herr E.: Ja.
T.: Fühlen Sie sich manchmal sexuell erregt? Haben Sie das Bedürfnis, mit einer Frau zu schlafen?

Herr E.: Ja, das habe ich, normalerweise, wenn gar keine Möglichkeit dazu besteht.
T.: Schauen Sie attraktiven Frauen hinterher?
Herr E.: Naja, machen das nicht alle Männer? Aber inzwischen denke ich: »Vergiß es!« Was könnte ich denn noch machen? Und es frustiert mich.
T.: Haben Sie sexuelle Phantasien? Denken Sie an Sex?
Herr E.: Nicht mehr so oft wie früher. Und da denke ich mir auch: »Wozu wäre das noch gut?«

Weder eingehende ärztliche Untersuchungen noch andere Tests ließen auf eine körperliche Ursache schließen – so war zum Beispiel der Hormonspiegel normal, was übrigens in solchen Fällen meistens der Fall ist. Herr E. hatte eine psychosomatische Impotenz entwickelt – psychische Faktoren verhinderten eine ganz normale körperliche Reaktion: Da er davon ausging zu versagen, stellte er sich geistig dermaßen darauf ein, daß er tatsächlich keine Erektion bekommen konnte. Aus einem Spaß war ein einziger Alptraum geworden; seine Männlichkeit stand auf dem Spiel. Eines der Ziele der Therapie wird es sein, der Sexualität den Platz zuzuweisen, der ihr gebührt, damit sich ihr Einfluß nicht so derart katastrophal auswirkt.

Seine Antworten während des Interviews lassen eine baldige Lösung des Problems erwarten. Faktoren wie eine spontane Erektion am frühen Morgen und die Fähigkeit zur Selbstbefriedigung zeigen deutlich, daß ohne den Druck, etwas leisten zu müssen, alles wieder funktioniert. Der Tatsache, daß die Erektionen weniger häufig als früher auftraten, kommt keine besondere Bedeutung zu – auch bei normalem Verlauf der Dinge nehmen die sexuellen Aktivitäten im Alter ab. Das Faktum, daß sich Herr E. immer noch seinen Sexualtrieb und sein Interesse bewahrt hat, ist ein gutes Zeichen. Er verspürt immer noch das Bedürfnis, hat bis zu einem gewissen Grade sexuelle Phantasien und interessiert sich auch weiterhin für attraktive Frauen, selbst wenn diese spontanen Reaktionen unter seinem gestörten Verhältnis zur eigenen Sexualität leiden.

Die Heilungschancen sind überaus gut, wenn der Betroffene die erwähnten Reaktionen zeigt. Sofern das Problem jedoch verdrängt wird, kann die sexuelle Reaktionsfähigkeit des Mannes Opfer einer kranken Psyche werden, und der Mann wird tatsächlich unfähig zur Erektion. Eine Therapie dauert dann weitaus länger. Es soll noch darauf hingewiesen werden, daß manchmal keine spezielle Behandlung erforderlich ist. Die Lebensumstände des einzelnen oder seine Einstellung können sich ändern, so daß die Phase der Impotenz von selbst vorübergeht.

Die Partnerin eines Mannes mit diesem Problem befindet sich oft in einer unangenehmen Lage, weil sie nicht weiß, ob es ihre »Schuld« ist, und was sie – wenn überhaupt – sagen oder tun soll. Sie sollte sich auf jeden Fall klar machen, daß die Schuld nicht bei ihr liegt. Ihr Mann möchte nichts mehr auf der Welt, als mit ihr schlafen. Er versucht, eine Erektion zu erzwingen, aber er will etwas, was nicht von seinem Willen abhängt. Um diesen Teufelskreis zu durchbrechen, ist es hilfreich, wenn sich beide darauf einigen, für eine Zeit von, sagen wir einmal sechs Wochen, nicht miteinander zu schlafen – egal was passiert. Denn die sexuelle Reaktion des Mannes folgt ihrer eigenen mysteriösen und bisweilen widersprüchlichen Logik. Viele Männer haben nämlich festgestellt, daß in dem Augenblick, in dem sie sich mit ihrer Partnerin auf gänzliche Enthaltsamkeit geeinigt hatten, sie ohne Schwierigkeiten eine Erektion erlangten. Eine vorübergehende Impotenz kann auch von alleine vorbeigehen. Sollten Sie aber das Gefühl haben, weiterer Hilfe und fachmännischen Rates zu bedürfen, so fragen Sie Ihren Hausarzt, ob es in der Nähe eine psychologische Sexualberatungsstelle gibt. Haben Sie keine Angst. Es handelt sich hierbei um ein weitverbreitetes Problem.

Der vorzeitige Samenerguß

Dem Begriff des vorzeitigen Samengusses haftet etwas Willkürliches an. Wer legt fest, wie schnell zu schnell ist? Einige haben ihn als Ejakulation definiert, die sofort beim Eindringen in die Scheide oder nach einer beziehungsweise zwei Minuten auftritt. Von einem Problem spricht man, wenn es in mehr als fünfzig Prozent der Fälle passiert. Aber alle diese Definitionen sind nicht besonders zufriedenstellend. Man kann die vorzeitige Ejakulation am besten definieren als Samenerguß, der häufig zu schnell und zu bald auftritt, um noch Spaß zu machen. Das heißt aber nicht, daß mit dem Mann etwas nicht in Ordnung ist. Im Gegenteil: Mit Blick auf das rein biologische Ziel des Geschlechtsverkehr, also die Befruchtung der Frau, ist eine schnelle Ejakulation sogar eine überaus gesunde Reaktion. Wenn wir aber unter Sex nicht nur Fortpflanzung verstehen, so ist es ärgerlich, wenn die ganze Sache in nullkommanichts vorbei ist. Unter einem vorzeitigen Samenerguß leiden vor allem junge Männer, die sich auf dem Höhepunkt ihrer Sexualität befinden und bereits bei geringer Stimulation so stark erregt werden,

daß sich der Samenerguß sehr bald einstellt. Der Prozeß verlangsamt sich, je älter der Mann wird. Viele Männer können sich sicherlich noch an die eine oder andere Situation in ihrer Jugend erinnern, als sie fast umgehend zu einem Orgasmus gelangten. Frauen werden im allgemeinen langsamer erregt und brauchen mehr Zeit, um einen Orgasmus zu haben. Wenn sie es jedoch lernen will, während des Verkehrs zum Orgasmus zu kommen, so ist es wichtig, wenn sie einen Partner hat, der nicht allzu schnell ejakuliert.

Ein junger Mann, der sich mit Heiratsplänen trug, beschrieb die Frustration des vorzeitigen Samenergusses wie folgt: »Es ist, als ob ich es gar nicht kontrollieren könnte. Sofort habe ich eine Erektion, und dann denke ich nur noch: ›Oh nein, ich komme gleich!‹ Ich weiß immer genau, gleich passiert es, und es gibt nichts, was ich machen kann. Meine Freundin sagt, ihr macht es nichts aus, aber ich mache mir so meine Gedanken. Vielleicht sagt sie das jetzt, aber wie wird es sein, wenn wir einmal fünf Jahre verheiratet sind? Sobald ich ihn reinstecke, geht's los, auf Knopfdruck sozusagen. Wenn ich mich einfach angemacht fühle oder mir auf der Arbeit einige scharfe Abbildungen angucke, dann macht es mir nichts aus, auch wenn ich dann eine Erektion habe. Sie wird es irgendwann leid sein. Es ist egal, was ich mache, sobald ich meinen Penis einführe, ist es, als wenn ein Automatismus in Gang kommt, auch wenn ich versuche, ganz ruhig zu bleiben. Einen Augenblick geht's gut, und dann ist auch schon alles vorbei ...«

Wiederholt sich diese Erfahrung, scheint sich ein bedingter Reflex herauszubilden: Das Gefühl beim Eindringen wird zum Signal für die Ejakulation. In der Hoffnung, vor der Ejakulation noch etwas Zeit zu gewinnen, wollen manche Männer sofort eindringen, wenn sie eine Erektion haben. Wenn sie mit einer Frau zusammen sind, werden sie also den Zustand sexueller Erregung nicht lange aufrecht erhalten können. Außerdem werden sie nie das Gefühl kennenlernen, einfach nur in die Vagina einzudringen, ohne daß der Wunsch zur Ejakulation überhand nimmt. Durch spezifische Behandlungsmethoden soll die Assoziation von Eindringen und Samenerguß durchbrochen werden; aber es gibt auch oft einfachere Rezepte, die zum Erfolg führen. Manchmal hilft es bereits, wenn er ejakuliert, bevor er mit ihr schläft. Vielleicht muß seine Partnerin ihn beim zweiten Mal stärker stimulieren, die Ejakulation wird aber hinausgezögert. Es kann auch sein, daß die Frau verschiedene Techniken ausprobieren muß, um ihn zu erregen – ob mit der Hand, dem Mund oder mit Worten; auf jeden Fall macht es Spaß, und für ihn kann es neue Erfahrung sein, die sexuelle Spannung über längere Zeit aufrecht zu erhalten, ohne zu ejakulieren.

Der verzögerte Samenerguß

Ein sehr viel selteneres Problem ist der verspätete Samenerguß. Der Mann stellt fest, daß er unfähig ist, in der Vagina der Frau zu ejakulieren – trotz langanhaltender Stoßbewegungen. Für gewöhnlich gibt der Mann es nach einiger Zeit auf, weil ihn sonst das Gefühl beschleicht, die ganze Nacht so weitermachen zu können. Diese Unfähigkeit kann mit einer unangenehmen Erfahrung in der Vergangenheit zusammenhängen oder mit der Befürchtung, er könne ein Mädchen »in Schwierigkeiten bringen«. Die von diesem Problem betroffenen Männer sind normalerweise in der Lage zu masturbieren, wenn sie allein sind. Der erste Schritt, die Hemmungen zu überwinden, besteht darin, einen Samenerguß zu haben, wenn sich die Partnerin wenigstens im selben Raum befindet. Eine wichtige Hürde wurde genommen, wenn das zum ersten Mal gelingt – der Samenerguß wird dann zur gemeinsamen Erfahrung.

Sie sollten Ihren Partner dazu ermutigen, verschiedene Dinge auszuprobieren und auch verschiedene Masturbationstechniken mit Ihnen zusammen anzuwenden. Wenn er beispielsweise seinen Samen in die Hand seiner Partnerin ergießen kann, so ist bereits ein erster wesentlicher Schritt getan.

In einer Klinik wurde am Beispiel des 23jährigen Herrn S. eine seltene Variante dieses Problems vorgeführt. Weder in seiner Lebensgeschichte noch in seiner Kindheit oder sexuellen Entwicklung ließ sich etwas Auffälliges finden, aber es war ihm nie gelungen, zu ejakulieren. Beim Versuch, sich selbst zu befriedigen, wandte er alle üblichen Techniken an, und alles lief genau so, wie es sein sollte, außer daß seine Bemühungen nie mit einem Samenerguß endeten – obwohl er häufig das Gefühl hatte, daß er ganz kurz davor sei. Von seinen glücklosen Versuchen entmutigt, hatte er, wen wundert es, die Nase voll. Es entsprach jedoch nicht völlig der Wahrheit, daß es ihm noch nie gelungen war, zu ejakulieren. Bei genauerem Nachfragen stellte sich heraus, daß er relativ häufig, zwei oder drei Mal pro Woche, einen nächtlichen Samenerguß erlebte – eine Erektion und Ejakulation während des Schlafes. Manchmal wachte er sogar während des Samenergusses auf, war allerdings noch ziemlich verschlafen, so daß er sich später an nichts erinnern konnte. Sein Problem wurde also neu definiert als die Unfähigkeit, bei vollem Bewußtsein zu ejakulieren. Als erste wichtige

Tatsache konnte also festgehalten werden, daß er körperlich gesund und auch zur sexuellen Reaktion in der Lage war, allerdings – so wie die Dinge lagen – nur dann, wenn sein Verstand ausgeschaltet blieb. Demnach handelte es sich um geistige Prozesse, die seine körperliche Reaktionsfähigkeit einschränkten. In seinem bisherigen Leben fanden sich keine Hinweise auf besonders unangenehme oder traumatische Erfahrungen, die die Ursache seiner gefühlsmäßigen Verfassung hätten sein können. Auch wenn das der Fall gewesen wäre, so zielte die Sexualtherapie in der Klinik, die er aufgesucht hatte, stärker auf die aktuelle Dimension seines Problems ab. Die Art und Weise, wie der Mann seine Erfahrungen beschreibt, erklären seine Unfähigkeit zum Samenerguß.

»Manchmal bin ich so scharf... und kann an nichts anderes mehr denken, und mein Penis wird so hart, daß ich ihn am liebsten festhalten möchte. Manchmal erregt mich so ziemlich alles – der bloße Gedanke an eine rassige Frau, die nur darauf wartet, daß ich in sie eindringe, oder das Lesen von Pornoheften. Sie müssen ja denken, daß ich vom Sex besessen wäre. Jedesmal wenn meine letzte Freundin über Nacht bei mir blieb, versuchte sie morgens wirklich so ziemlich alles, aber es ging einfach nicht. Ich glaube fast, daß es niemals passieren wird. Dabei weiß ich, daß, wenn es nur ein einziges Mal klappen würde, mit mir wieder alles in Ordnung wäre – nur ein einziges Mal. Aber da müßte schon ein Wunder geschehen.«

Es handelt sich bei Herrn S. durchaus nicht um einen

»Sexbesessenen«, sondern um einen sehr gesunden, körperlich durchtrainierten und sexuell interessierten jungen Mann, der ganz normal auf jede Art sexueller Erregung

reagiert. Allerdings muß man seine eigene feste Überzeugung außer acht lassen, daß es ihm nicht gelingen würde, einen Samenerguß zu haben: Er selber spricht von einem Wunder, aber wir alle wissen, wie selten ein Wunder geschieht. Deshalb wurde für ihn der Samenerguß zu einem beinahe unerreichbaren Ziel – so unerreichbar wie die Sterne am Firmament. Es würde ihm nie gelingen. Eine derartig negative Einschätzung der eigenen sexuellen Potenz garantiert fast das Desaster. Wie soll ein Mann mit dem sicheren Wissen, daß es ihm sowieso nicht gelingt, zum Samenerguß kommen? Im Laufe der Zeit hatten sich seine Vorstellungen immer weiter von der Realität entfernt. Die Ejakulation wurde zu einem unerreichbaren Ziel, dermaßen losgelöst von allen anderen körperlichen Vorgängen, daß sie sich zunehmend aus dem Blickfeld seines Bewußtseins entfernte. Eigentlich ist der Samenerguß eine ganz normale sexuelle Reaktion unter anderen. Nichts weiter als der nächste Schritt in der Kette sexueller Reaktionen, der ganz natürlich auf die sexuelle Erregung folgt.

Herr S. hatte recht, als er sagte, daß es ihm nur ein einziges Mal zu gelingen bräuchte. Seine Überzeugung, zur Ejakulation unfähig zu sein, wäre widerlegt, wenn er den Beweis in seinen Händen oder sonstwo haben würde. Der Bann wäre gebrochen. Was ihm fehlte, war ganz einfach die Erinnerung an einen Samenerguß.

Aber was sind Erinnerungen? Bei Erinnerungen handelt es sich um geistige Bilder und nicht um den Vorfall selbst. Denken Sie nur einmal an ein Bild, das in Ihrer Kindheit Ihr Zuhause verschönerte. Die Erinnerung daran existiert in Ihrem Kopf als geistiges Bild, während es das Bild selber vielleicht gar nicht mehr gibt. Es kann vor vielen Jahren kaputtgegangen sein oder wurde einfach weggeworfen. Ihre Erinnerung unterscheidet sich inzwischen vielleicht sogar von der Realität des Objektes: Das Bild kann größer, kleiner oder von anderer Farbe gewesen sein.

Diese Überlegungen veranlaßten die Therapeuten, für Herrn S. die Erinnerung an eine frühere Ejakulation zu konstruieren. Alle Voraussetzungen dafür waren da: Er konnte sexuelle Erregung und Stimulation empfinden; er hatte eine Erektion erlebt; wenn er scharf nachdachte, konnte er sich auch erinnern, wie er sich bei einer Ejakulation gefühlt hatte (Er war gelegentlich bei einem Samenerguß aufgewacht.); er kannte den Geruch, das Gefühl und die Konsistenz seines eigenen Samens, und er wußte, unter welchen Umständen er besonders erregt gewesen war (morgens mit seiner Freundin im Bett).

Indem all diese Elemente seiner Erinnerung in die richtige Reihenfolge gebracht wurden, konnte das Gefühl, ejakuliert zu haben, erzeugt werden – im Fall von Herrn S. unter Verwendung spezieller Hypnosetherapien. Endlich Erleichterung!

Verlust der Libido

Als Libido bezeichnet man den Sexualtrieb. Männer und Frauen haben eine unterschiedlich starke Libido, und ein starker oder schwacher Sexualtrieb ist Bestandteil der Person. In einer Partnerschaft sollten beide über eine vergleichbare Libido verfügen, was aber nicht immer der Fall ist. Wenn die Diskrepanz zu groß ist, müssen beide einen Kompromiß finden.

Alle Menschen erleben in Ihrem Leben Phasen, während derer sie keine besonders hohe sexuelle Motivation verspüren, und das ist ganz normal. Frauen sind sehr viel eher als

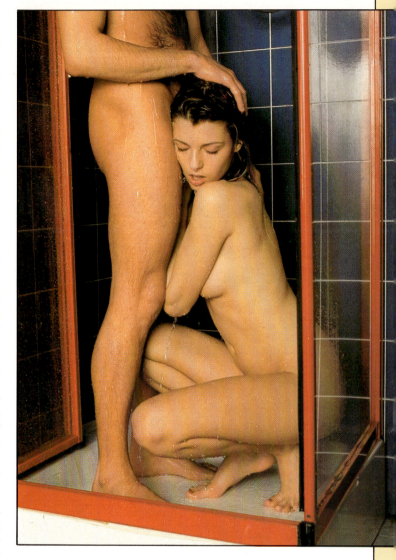

Männer in der Lage, ein Nachlassen des sexuellen Interesses zuzugeben. Von diesem natürlichen Auf und Ab der Libido abgesehen, deutet ein Abfallen der Libido manchmal auf andere Probleme hin. Bereits als Folge einer schweren Grippe kann es manchmal Monate oder noch länger dauern, bis das sexuelle Interesse des Mannes wieder vollkommen erwacht ist. Es ist wichtig, sich dieser Schwankungen bewußt zu sein und sie als das zu akzeptieren, was sie sind; diesem Problem allzuviel Bedeutung beizumessen, würde es nur verschlimmern.

Sexuelle Sorgen und Probleme können dem einzelnen das Leben schwer machen. Schuld daran ist auch die Einstellung, daß Sex zum Sozialprestige gehört. Vielleicht sollte man die Sache entspannter sehen: Sex soll Spaß machen. Wenn man die Unterschiede zwischen männlicher und weiblicher Sexualität kennt und akzeptiert, so heißt das nicht, den »Kampf der Geschlechter« zu schüren. Im Gegenteil: Das Verständnis dieser Unterschiede ist wichtig, um den gegensätzlichen Bedürfnissen, die manchmal auftauchen und zu Konflikten führen, Rechnung zu tragen. Das ist einer der wesentlichsten Faktoren eines harmonischen Zusammenlebens.